人類命運共同體，顧名思義，就是每個民族、每個國家的前途命運都緊緊聯繫在一起，應該風雨同舟，榮辱與共，努力把我們生於斯、長於斯的這個星球建成一個和睦的大家庭，把世界各國人民對美好生活的嚮往變成現實。

—— 習近平

時代之問 中國之答

China's Answer to the Question
of the Times:
Building a Global Community
of Shared Future

構建人類命運共同體

王義桅——著

思想
走在行動之前

◯ 潘 岳

祝賀王義桅教授新作出版。

德國哲學家黑格爾說過：“思想走在行動之前，就像閃電走在雷鳴之前一樣。”習近平外交思想是新時代汲取 5000 年中華文明精華，繼承並創新中國傳統外交思想，對世界向何處去、中國與世界關係的一種積極探索。它是 14 億中國人民集體智慧的結晶，也是對於未來世界的一種塑造和引領。作為當今最有影響力的外交思想之一，習近平外交思想正被越來越多的世界人民接納和認可。

“一帶一路”倡議與構建人類命運共同體理念是習近平新時代中國特色社會主義思想尤其是外交思想最具國際影響力的兩個方面，已多次被寫進聯合國有關決議。“一帶一路”倡議重在解決和平赤字、發展赤字和治理赤字，構建人類命運共同體則重在克服信任赤字，最終促進文明對話。“一帶一路”倡議通過新型國際關係（即全球互聯互通夥伴關係網絡）來構建人類命運共同體，通過命運自主、命運與共最終實現命運共同體。兩者是問題導向、目標驅動的有機統一。

關於人類命運共同體的研究，有三重境界：

一是見山是山，見水是水。即梳理習近平總書記關於構建人類命運共同體的重要論述，按照自己的專業興趣歸納總結，體現自身價值。其具代表性的研究有兩類：傳統文化研究，即天下觀；馬克思主義研究，即自由人聯合體。王義桅教授準確把握習近平總書記關於構建人類命運共同體思想的精髓，通約各國傳統文化之大同，提出馬克思主義中國化進入新時代的標誌，是馬克思主義與中華文明結合，以其包容性超越當年資、社兩種制度的競爭，以萬物互聯的共同體思想豐富了馬克思主義"自由人聯合體"思想。

二是見山不是山，見水不是水。即藉人類命運共同體說自己那點事兒，其具代表性的研究是國際關係研究、中西對比研究、世界秩序研究。王義桅教授告別近代，走出西方，認為人類命運共同體集古今中外、東西南北之大成。

三是見山還是山，見水還是水。即研究者超越山水，看到了我們頭頂上的星空與內心的道德律令。王義桅教授提出，構建人類命運共同體既是從昨天看明天，又是從後天看明天。他深諳構建人類命運共同體乃萬物互聯時代產物之道，充分考察人工智能、5G 時代等前沿課題，前瞻性地預示了人類命運共同體將匯聚各種人類學問，開創人類新文明，熔煉人類共同價值。

通俗理論讀物的最高境界，是通而不俗。王義桅教授以淵博的學識、敏銳的眼光、開放的視角、時代化的表達，對為什麼要構建人類命運共同體、人類命運共同體思想從哪裏來、如何構建人類命運共同體等根本問題做了透徹闡釋，為人們提供了一把通往人類命運共同體的金鑰匙。本書的出版，是作者繼

《世界是通的——“一帶一路”的邏輯》之後，對習近平新時代中國特色社會主義思想的光輝篇章進行研究的又一力作，特此推薦。

（作者係中央統戰部副部長，國家民族事務委員會主任、黨組書記）

序　二

為構建
人類命運共同體攜手前行

◯　馬丁·阿爾布勞

2020 年 3 月 12 日晚，中國國家主席習近平在與聯合國秘書長古特雷斯通話時強調，新冠肺炎疫情的發生再次表明，人類是一個休戚與共的命運共同體⋯⋯國際社會必須樹立人類命運共同體意識，守望相助，攜手應對風險挑戰，共建美好地球家園。對此，我完全贊同。新冠肺炎疫情是一場悲劇，卻也是習近平主席提出的百年未有之大變局的生動寫照。構建人類命運共同體，是應對百年未有之大變局的唯一正確選擇。

新冠肺炎疫情的全球大流行，説明了人類社會攜手應對各種風險挑戰、推進人類命運共同體建設的緊迫性。2020 年 3 月 6 日，我在接受中國國際電視台（CGTN）採訪時表示：中國政府已經竭盡全力，他們及時向全世界通報了疫情，採取的措施為世界各國樹立了榜樣⋯⋯中國人在抗擊疫情危機中展現出的風雨同舟、守望相助、高度自律的良好精神狀態和品格，讓全世界印象深刻。

新冠肺炎疫情這一公共衛生事件，也凸顯出構建人類命運共同體的重要性。世界是多元的，但也是一個共同體。病毒沒有國界，不分種族⋯⋯面對新冠肺炎病毒，全人類應該勠力同心，共同應對。人類社會的經驗證明：當面臨重大危機時，合作是最基本的原則。正是基於這一原則，我們創建了全球社會。我們分屬於不同的國家，但也是全球公民，我們命運與共。

人類文明史就是一部與疾病抗爭的歷史，但從來沒有病毒可以擊垮人類。只要各國以更加堅定的信念牢固樹立人類命運共同體意識，風雨同舟、團結協作、眾志成城，採取更果斷的行動，推動更緊密的合作，就一定能夠戰勝疫情，共同建設更加美好的地球家園。

新冠肺炎疫情的全球大流行，也給我們帶來了以下啟示：

1. 人類是一個命運共同體（公民社會或人類大家庭）。

2. 世界需要領導力（不論是由美國、中國還是其他行為體所帶來的；與種族和意識形態無關，而是取決於具體的問題）。

3. 中國政府依賴中國人民的抗疫行動是全球領導力角色的顯示。

4. 大家需要在人類面對的重大問題上通力合作，維護人類家園，共同參與全球治理。

5. 我們如何合作非常重要。

我很高興，以上問題都在王義桅教授的新書《時代之問　中國之答：構建人類命運共同體》中有了系統闡述。

我與王義桅教授因為“一帶一路”而相識，在研究人類命運共同體的過程中成為好友。2016 年 4 月 12 日，他的首部“一帶一路”專著 *The Belt and Road Initiative: What Will China Offer the World in Its Rise* 在倫敦書展發佈，我擔任評論員；獻禮中華人民共和國成立七十週年的主題圖書《對話中國》收錄的《十問“一帶一路”：對話英國社會學家馬丁·阿爾布勞》，又讓我們的名字緊密相連。2019 年 2 月 13 日，王義桅教授在威斯敏斯特大學中國傳媒中心舉辦的全球中國傳媒系列講座上，發表了演講《理解人類命運共同體的三個維度》。他關於人類命運共同體理念不僅通約中華傳統文化，且通約各國傳統文化之大同，以中華傳統"和合文化"實現馬克思主義中國化、時代化的看法，給我留下了深刻印象，也與我在新著《中國在人類命運共同體中的角色——走向全球領導力理論》中的觀點不謀而合。

這一次，他將新書主要內容譯成英文給我評閱，使我深受感動。他見解新穎，創造性地提出人類命運共同體理念為全球化鑄魂，改變"你贏我輸"（zero-sum game）、"雙贏"（win-win）思維，代之以"全贏"（all win）或"全輸"（all lose）的整體思維等觀點。並以新冠肺炎疫情阻擊戰為例，提出只有各國徹底消除病毒威脅，我們才安全；只有解除全人類的恐懼，才能解除我們的恐懼！

故此，我欣然受邀為其作序，希望並相信他的書將引發廣泛的國際共鳴。

（作者係英國社會科學院院士，"全球化"概念最早提出者之一，近著有《中國在人類命運共同體中的角色——走向全球領導力理論》）

序　三

人本主義世界觀：構建人類命運共同體

◯　王義桅

摘下口罩的日子
我一直盼著

那個口罩戴了好多天
都變味兒啦
一直買不到新的

摘下口罩的日子
我一直盼著

那時
男人叼起煙斗
女人抹上口紅
孩子開口歌唱

那時

我就重返學堂

聽到朗朗晨讀

奔跑在校園操場

摘下口罩的日子

我一直盼著

叔叔阿姨們

不再穿著厚厚防護服

冒著危險

戰鬥在抗疫一線

摘下口罩的口了

我一直盼著

人們

可以

自由地呼吸

熱情地擁抱

找回舌尖的記憶

把年味兒補回來

摘下口罩的日子

我一直盼著

陽光親吻我的雙唇

鼻孔呼吸春的芬芳
人們熱情地交流

摘下口罩的日子
我一直盼著

摘下的豈止是口罩
摘下的是恐懼
摘下的是猜忌
摘下的是隔閡

摘下口罩的日子
我在想
今後還會不會再戴
瘟疫
能不能永不再來

摘下口罩的日子
我在想
其他國家呢
他們有沒有口罩
他們摘下口罩了嗎

摘下口罩的日子
我祈禱
也是摘下眼鏡的日子

摘下支架的日子

摘下一切本不屬於我們的東西

摘下口罩的日子

我祈禱

摘下口罩

擁抱自然

擁抱自由

擁抱健康

《摘下口罩的日子》這首小詩，是庚子春節王鍾洲同學（時讀中國人民大學附屬中學初一【11】班）的思政課分享。它被譯成多種文字在世界傳播，還被巴勒斯坦等國兒童朗誦[①]，彰顯了孩子們對身心健康、普遍健康、永久健康的渴望。抗擊新冠肺炎疫情的阻擊戰，演繹了構建人類命運共同體的生動實踐。人們達成了共識："一隅不安，舉世皆危。"——除非所有人都安全，否則沒有人是安全的。

在全球抗擊疫情的中國戰區，尤其是武漢戰場，演繹了一幕幕"一方有難、八方支援"的動人場景，也得到了國際社會尤其是鄰國的大力幫助。韓國駐華使館打出"中國的困難就是我們的困難"、"因為我們是一家人"的橫幅；日本捐華物資上寫著"山川異域，風月同天"、"豈曰無衣，與子同裳"、"青山一道同雲雨，明月何曾是兩鄉"等字句。中國率先控制住疫情，率先復工

① 央視網：《期盼"摘下口罩的日子" 13 歲中國學生和巴勒斯坦學生因詩結緣》，http://app.cctv.com/special/special/cportal/detail/arti/index.htm?id=ArtiWZKCO4z7SxrUqA4pb3BH200506&fromapp=cctvnews&version=804&allow_comment=1&from=singlemessage&isappinstalled=0。

復產，又積極援助國際社會，支持其他國家抗疫。可以說，抗擊新冠肺炎疫情是人類命運共同體理念的最好實踐。

一

新冠肺炎疫情，不僅是中華人民共和國成立以來在中國發生的傳播速度最快、感染範圍最廣、防控難度最大的一次重大突發公共衛生事件，也是百年未遇的全球重大公共衛生危機，是百年未有之大變局的寫照。223 個國家和地區數億人感染、數百萬人死亡，疫情陰影籠罩全球，產生了一系列嚴峻的政治、經濟及社會心理影響。

法國財政部長勒梅爾稱，新冠肺炎疫情將是“全球化遊戲規則改變者”。其實，不只是全球化的規則改變了，就連全球化的劇本都變了。公共衛生變量今後會和氣候變化一樣，納入人類生產、生活、思維的常量，深入影響全球化邏輯。

疫情帶來新的全球化，可從以下四個方面進行剖析：

（一）全球化進入新時代——以人為本的全球化。天地之大，黎元為本。疫情揭示資本的全球化正在向以人為本、以人類為本的全球化轉型[①]。資本的全球化追求利潤最大化和效率最優化，注重產業鏈、供應鏈全球壟斷，產生貧富懸殊之弊端；而以人為本、以人類為本的全球化關注人的生命健康與地球家園的可持續發展，追求產業鏈、供應鏈的安全或彈性、多元化的合理佈局。

---

① 聯合國曾提出類似概念（UNDP. 1999. Human Development Report 1999: Globalization with a Human Face. http://www.hdr.undp.org/en/content/human-development-report-1999）。以人為本的全球化（people-centric globalization ）更強調全球化的轉型，呼應了國內以人民為中心的治理理念。

（二）全球化規則從運到命轉變。疫情揭示的不是你和我的關係，而是人類和病毒的關係：以人為本的全球化關注“命”而非“運”的全球化，不存在“你贏我輸”，而是“全贏”或“全輸”。換言之，勝的理念取代了贏的追求，不達全勝，決不收兵。只有共同戰勝疫情，人類才能安全，凸顯了人類是一個和合共生的共同體。

（三）關注弱者而非聚焦強者。戰勝疫情就像木桶裝水，最短的那塊板決定了木桶能盛多少水。最薄弱的環節決定戰勝疫情的進度，幫助公共衛生體系薄弱的發展中國家提高應對能力至關重要，因為這些國家所受衝擊更具破壞性、災難性、持久性。世界銀行和國際貨幣基金組織（IMF）為此呼籲債權國為債務國提供債務減免或延期。中國主動減免 77 國和地區到期債務，做出了表率。

（四）全球性挑戰需要全球性協調。世界既面臨全球公共衛生危機，還面臨世界經濟陷入衰退的巨大風險，甚至有分析預測將會出現第二次世界大蕭條。事實上，不少國家已經出現社會與就業危機。如何防止危機疊加？除了全球公共衛生安全高級別會議磋商，還須加強國際宏觀經濟政策協調，實施有力、有效的財政和貨幣政策，維護全球金融市場穩定，維護全球產業鏈、供應鏈穩定。

令人憂慮的是，疫情多點暴發，病毒不斷變異，我們或將面臨疫情常態化、人與病毒長期共處的局面。近代以來，我們生活在以國家為單元的國際關係思維裏，對“人的關係”關注不夠，在過往的觀念中人只是勞動力、旅遊者等生產、消費因素而已，而現在是要探索建立以人為單元的全球秩序，應基於國內以人民為中心的國家治理理念。全球公共衛生治理不應只是思考誰來治理、治理什麼、如何治理的問題，更要思考為誰治理、靠誰治理的本源問題。國內以人民為中心的治理，國際上倡導構建人類命運共同體，這是根本的中國方案、中國智慧。

疫情的全球大流行揭示了全球公共衛生治理赤字，並催促著國際公共衛生應急、預警、能力建設、培訓和援助的合作，尤其要著手準備協助基礎設施、醫療設備、專業知識、醫護人員都十分匱乏的低收入國家，強化政府間、區域間、國際組織間的協調。以人為本的全球化時代會將世衛組織（世界衛生組織的簡稱）放在與 IMF、世界銀行一樣重要的位置看待。改革世衛組織，增強其權威性、高效性，是完善全球公共衛生治理的重要內容。面對全球抗疫，中國及時給世衛組織捐款 2000 萬（後又增加 3000 萬）美元現匯，號召國際合作抗擊疫情，推動打造"健康絲綢之路"，發出"打造人類衛生健康共同體"的積極倡議，加入 COVAX（新冠肺炎疫苗實施計劃），與實施計劃達成 5.5 億劑供應協議，捐贈 1 億美元，為全球公共衛生治理作出了重大貢獻。

人類生病了，地球打烊了。以人為本的全球化呼籲構建人類命運共同體。疫情暴發後不久，習近平主席在與聯合國秘書長古特雷斯通話時表示，國際社會必須樹立人類命運共同體意識，守望相助，攜手應對風險挑戰，共建美好地球家園。抗擊疫情是構建人類命運共同體的生動個案，是以人為本的全球化推動構建人類命運共同體的展示。

以人為本的全球化的邏輯是：

——我健康，你才健康；你安全，我才安全。習近平主席在同外國領導人通電話時不斷強調，中方秉持人類命運共同體理念，既對本國人民生命安全和身體健康負責，也對全球公共衛生事業盡責。

——世界安全，中國才安全；中國安全，世界更安全。自抗擊新冠肺炎疫情以來，“中國積極開展抗擊新冠肺炎疫情全球合作，力所能及為國際組織和其他國家提供援助，截至 2021 年 6 月，共為受疫情影響的發展中國家抗疫以及恢復經濟社會發展提供了 20 億美元援助，向 150 多個國家和 13 個國際組織提供了抗疫物資援助，為全球供應了 2900 多億隻口罩、35 億多件防護服、46 億多份檢測試劑盒，向 100 多個國家和國際組織提供 5.2 億多劑疫苗，累計組派 33 批抗疫醫療專家組赴 31 個國家協助抗疫”[①]。中非建立了 41 個對口醫院合作機制，中國援建的非洲疾控中心總部大樓項目已於 2020 年年底正式開工。中國同聯合國合作在華設立全球人道主義應急倉庫和樞紐也取得了重要進展。中國全面落實二十國集團“暫緩最貧困國家債務償付倡議”，總額超過 13 億美元，是二十國集團成員中落實緩債金額最大的國家。[②]一場中華人民共和國成立以來規模最大的全球人道主義行動，展現出中國推動構建人類命運共同體的全球視野和堅定擔當。

——國際合作不是選擇而是必然。正如《抗擊新冠肺炎疫情的中國行動》白皮書（2020 年 6 月）指出的，無論是阻擊病毒的傳播蔓延，還是抵禦不斷惡化的全球經濟衰退，都需要國際社會團結合作，都需要堅持多邊主義、推動構建人類命運共同體。團結合作是國際社會戰勝疫情的最有力武器。

---

① 中共中央宣傳部：《中國共產黨的歷史使命與行動價值》，www.new.cn/2021-08/26/c_1127795937.htm，2021 年 8 月 26 日。

② 外交部：《習近平在全球健康峰會上的講話（全文）》，https://www.fmprc.gov.cn/web/zyxw/t1877663.shtml，2021 年 5 月 21 日。

二

人類命運共同體不僅是以人為本的全球化價值觀，還是人本主義世界觀。

2011 年，《中國的和平發展》白皮書中首次提出“你中有我、我中有你”的命運共同體的概念。2012 年，中共十八大報告明確提出倡導“人類命運共同體”意識，在追求本國利益時兼顧他國合理關切，增進人類共同利益。2013 年 3 月 23 日，習近平主席在莫斯科國際關係學院發表演講，首次在國際場合提出“人類命運共同體”。2017 年 1 月 18 日，習近平主席在日內瓦萬

人類命運共同體的五大支柱

國宮發表歷史性演講《共同構建人類命運共同體》，系統闡述了人類命運共同體理念的五大支柱：持久和平、普遍安全、共同繁榮、開放包容、清潔美麗。

習近平總書記在慶祝中國共產黨成立 100 週年大會上的講話中向全黨發出號召："以史為鑒、開創未來，必須不斷推動構建人類命運共同體……中國共產黨關注人類前途命運，同世界上一切進步力量攜手前進，中國始終是世界和平的建設者、全球發展的貢獻者、國際秩序的維護者……中國共產黨將繼續同一切愛好和平的國家和人民一道，弘揚和平、發展、公平、正義、民主、自由的全人類共同價值，堅持合作、不搞對抗，堅持開放、不搞封閉，堅持互利共贏、不搞零和博弈，反對霸權主義和強權政治，推動歷史車輪向著光明的目標前進！"①

人類命運共同體理念是偉大復興的中華文化對"人類向何處去"這一時代之問的回答，是中國共產黨強調文化自信，將傳統文化創造性轉化、創新性發展的結晶。

"中華文化蘊含著天人合一的宇宙觀、協和萬邦的國際觀、和而不同的社會觀、人心和善的道德觀。和平、和睦、和諧是中華民族 5000 多年一直追求和傳承的理念，中國共產黨是中華優秀傳統文化的忠實傳承者，沒有侵略他人、稱霸世界的基因。"②中國共產黨是為中國人民謀幸福的政黨，也是為人類進步事業奮鬥的政黨。"面對充滿危機的世界，中國共產黨主張，國家不論大小、強弱、貧富，在國際關係中都是平等的；大國要有大國的樣子，要以人類前途命運為要，對世界和平與發展擔負更大責

① 習近平：《在慶祝中國共產黨成立 100 週年大會上的講話（2021 年 7 月 1 日）》，《人民日報》2021 年 7 月 2 日。

② 中共中央宣傳部：《中國共產黨的歷史使命與行動價值》，www.new.cn/2021-08/26/c_1127795937.htm，2021 年 8 月 26 日。

任，而不是依仗實力搞唯我獨尊、霸凌霸道；世界的命運必須由各國人民共同掌握，各國和各國人民應該共同享受尊嚴、共同享受發展成果、共同享受安全保障。”①

“在中國人的精神世界裏，自古以來，人類命運共同體理念就引領著中華民族對理想世界（天下）的憧憬和永恆價值的追求。其表述的話語雖多樣而異，但同歸而一，形式分殊，其理不二。”② 可以說，中華文化就是解決人類命運未來歸宿何去何從的文化。命為“口令”二字組合，“觀天之道，執天之行，盡矣”，符合天道，善用規律，就是改命。

在中華傳統文化中，人為頂天立地、參天兩地，與天地並立為三，故《中庸》曰“與天地參”。人由天地所生，自然具備天地基因、天地格局和天地精神。天地無言，清靜無為。天為本體（無形無相），地為現象（具體呈現），人戴天履地而生，就應發揚天地精神、建立天地事業、成就天地格局、實現天地和諧。孟子曰：“居天下之廣居，立天下之正位，行天下之大道。得志，與民由之；不得志，獨行其道。富貴不能淫，貧賤不能移，威武不能屈。”也就是圓成命運之道。

“《易》之為書也，廣大悉備。有天道焉，有人道焉，有地道焉。兼三才而兩之，故六。六者非它也，三才之道也。”“三才之道”就是講人類命運共同體構建的人與天道的和諧、人與人的和諧、人與大地（環境）的和諧等。《易經》提出了“四觀”，第四觀為天下觀，其中包含了人類命運共同體思想。《易經》的同人卦也是闡述人類命運共同體的，張載在《西銘》中提出的

① 中共中央宣傳部：《中國共產黨的歷史使命與行動價值》，www.new.cn/2021-08/26/c_1127795937.htm，2021 年 8 月 26 日。

② 張立文：《中國傳統文化與人類命運共同體》，《光明日報》2017 年 11 月 6 日。

"民胞物與"思想即得力於此。《易經》提出了天文、人文和文化，"觀乎天文，以察時變，觀乎人文，以化成天下"。其中，人文的本義就包含人類命運共同體，而文化就是為了圓成人類共同的命運。《易經・乾卦》提出"乾道變化，各正性命，保合大和，乃利貞"，講的也是人類命運共同體以及人類的和諧。受此影響，《禮記》提出了"大道之行也，天下為公"，《論語》提出了"四海之內皆兄弟也"。

各種文化的本原都從關乎人類命運而來。杜維明先生指出，孔子以道德理性（道統）和文化關切（學統）來轉化現實政權（政統）的入世精神，在表現形式和思想內容兩方面，都具有錯綜複雜的多樣性。[①] 人類命運共同體實現了道統（傳統文化的創造性轉化與創新性發展）、學統（包容近現代國際體系）、政統（21 世紀馬克思主義）的有機統一，注重正義、和平、包容、綜合、科學等價值，尋求融匯中外優秀思想文化和智慧。從道統上說，人類命運共同體思想不僅是中華文明天下大同思想的全球化，而且通各國文化之約、集世界傳統之大成。基督教有"人人為我，我為人人"的理念，佛教有共業思想，伊斯蘭教有"人類皆兄弟"的聖訓……可見世界各古文明都有過"命運共同體"的理念，而人類命運共同體將單一神、單一文化拓展到各種神、不同文化，不只是空間疊加，還是集約，並且將"和而不同"理念拓展到了追求人類共同價值高度。從學統而言，人類命運共同體還繼承了西方共同體概念，並將西方區域、功能性共同體上升到人類高度，消除了其外部性。這是因為，命運共同體只有上升到人類命運共同體，才能維護命運共同體的類本質。從政統上講，人類

① 杜維明：《靈根再植：八十年代儒學反思》，北京大學出版社 2016 年版，第 3—9 頁。

命運共同體是馬克思主義“世界歷史”、“自由人聯合體”思想時代化的產物。

“全球化”概念的提出者之一、英國社會科學院院士阿爾布勞提出以全球性超越現代性，但未及人類性的人本主義關懷，難脫西方共同體概念窠臼。而人類命運共同體概念從三方面超越西方共同體概念：

一是以人本主義超越人文主義[①]，還原全球化的人性。近代人文主義建立在人—神關係契約基礎上：1. 神與王的契約：把愷撒的給愷撒，把上帝的給上帝。2. 王與貴族的契約：大憲章。3. 貴族與政府契約：代議制。4. 政府與人民契約：社會契約論。而中華文明認為人與天不是契約關係，更沒必要經歷天—神—王—貴族（政府）—人的分化，天底下有諸神（諸神相愛而非諸神之戰），主張敬鬼神而遠之，反對裝神弄鬼、無法無天，追求天人合一。錢穆先生指出，“……天即是人，人即是天，一切人生盡是天命的天人合一觀。天人合一論是中華文化對人類最大的貢獻”[②]。中國共產黨將中華傳統文化的天人合一思想上升到黨與人民合一——江山就是人民，人民就是江山，超越了人—神觀基礎上的近代政治文明。林肯總統的 of the people（民有）、by the people（民治）、for the people（民享）被孫中山先生吸收並

① 雖然《易經》裏就有“人文”一詞，但是人文主義（humanism）一詞來自西方，是近代文藝復興，尤其是啟蒙運動以來的以人自身的經驗為中心來看待一切的一種世界觀。英國學者阿倫・布洛克指出，“作為文藝復興和啟蒙運動之產物的現代話語中的‘humanism’，其基調就是一種以人類為中心的世界觀，以人本的世界觀區別中世紀神本世界觀”。（〔英〕阿倫・布洛克：《西方人文主義傳統》，董樂山譯，生活・讀書・新知三聯書店 1997 年版，第 12 頁。）所以吳宓最初把它譯成“人本主義”，後來才被胡先驌譯為“人文主義”。筆者認為，中華文化考究人和天的關係，區別於西方人和神的關係，西方一神教的 God 與其他文明的神也不是一回事，所以本書提出人類命運共同體是人本主義世界觀，是人類文藝復興。

② 錢穆：《中國文化對人類未來可有的貢獻》，香港中文大學《新亞月刊》1989 年 12 月號刊。

發展為“三民主義”。中國共產黨更進一步，強調 in the people（人民中心），既 before the people（先鋒隊），因為吃苦在前，還 after the people（公僕），享受在後。因此，中國共產黨與中國人民是一體的。中國共產黨以天地人一體的人本主義超越人—神觀的人文主義，開創了人類文藝復興。人類命運共同體理念是以人民為中心的國內治理觀在全球治理層面的邏輯延伸：以人為本，以人類為本。

二是以天下無外、有教無類的人類情懷消除基於一神論的同質性、封閉共同體的負外部性。中國傳統文化沒有共同體概念，而是“群”的概念。《易經》提出“方以類聚，物以群分，吉凶生矣”。人類就是群，人類要想好，就要不斷去影響更多的人。多數人不好了，社會壞了，就麻煩了，所以“吉凶生矣”。

三是超越了西方中心論和霸權穩定論，適應了萬物互聯時代，順應了區塊鏈去中心化、扁平化管理潮流。群龍無首是乾卦的最高境界，乾卦又是《易經》的根本核心。群龍無首的群從個人修養而言是無為（道家）、無相（佛家），從社會形態而言即人類命運共同體的最高境界——萬物並育而不相害，道並行而不相悖，萬類霜天競自由，各自都是一條龍，相互關愛，沒人出來稱霸（無首）。

構建人類命運共同體是“自由人聯合體”的當代實踐，它既不是“社區式”的，也不是現代普遍存在的“社會式”機械合成體，而是人類群體的命運相連。馬克思描繪的自由人聯合體是超越工業經濟時代人的異化而設想的概念。今天，工業經濟依然存在，數字經濟正在全面崛起。人類命運共同體深刻描繪了數字經濟時代生產方式、生活方式催生的思維理念。數字經濟所推動的產業體系遠遠超過傳統實體經濟的產業體系，其中最大的差別是產業鏈的不可分割性和依存性。以芯片為例，芯片所涉及的產業分為幾十個大類、上千個小類、五十多個學科、上千個工序。所有產業鏈都是超長產業鏈，無法切割，和我們理解的傳統實體經濟是不同的。

工業經濟時代，主要按照行業門類來組織創新過程，人為設置理、工、農、醫等學科專業，區分一、二、三等產業類型，行業邊界清晰，"井水不犯河水"。在邁向知識經濟時代的進程中，隨著"互聯網 +"、"大數據 +"乃至"人工智能（AI）+"的大行其道，如同架起了一座可以暢通於任何行業的橋樑，組織邊界、地域邊界、技術邊界、行業邊界日益模糊，成為"你中有我，我中有你"的跨界融合共同體。①

當今世界正處於百年未有之大變局，處於工業化向數字化過渡階段，有人誤解乃至抵制人類命運共同體也是正常的現象。中美脫鉤、新冷戰的提法加劇了人們的擔憂。科學實驗表明，在連續和重複博弈中，勝算最大的要素是善良和寬容。② 經歷不斷的國際競爭，我們正在構建人類命運共同體。

三

人類命運共同體不僅是一種理念、一種世界觀，還是習近平治國理政的基本方略，新時代中國外交的總目標。

作為一種理念，人類命運共同體是回答和解決當今世界面臨的"世界怎麼了、我們怎麼辦"這一時代之問的中國方案，也是

① 潘教峰、陳光華：《加快構建新型創新組織模式》，《瞭望》2017 年第 49 期。

② Robert Axelrod, *The Evolution of Cooperation*, Cambridge, MA: revised edition published by Basic Books, 2006: pp.149-150.

給世界人民帶來福祉的人間正道，多次被寫進聯合國大會、聯合國安理會有關決議。

作為人本主義世界觀，人類命運共同體將古希臘箴言“認識你自己”發展到“成為你自己”，將個體理性的“你”上升到集體理性的“我們”——成為我們自己，將群體的“自己”演變為全體的“人類”：我因為你而成為我，因為地球家園而成為人類命運共同體。

作為習近平治國理政的基本方略，堅持推動構建人類命運共同體被寫入黨章和憲法，體現了中國共產黨和全體中國人民的意志，被列為新時代堅持和發展中國特色社會主義的基本方略。[①]

作為新時代中國外交的總目標，人類命運共同體倡導建設持久和平、普遍安全、共同繁榮、開放包容、清潔美麗的世界，推動建設相互尊重、公平正義、合作共贏的新型國際關係，是習近平外交思想的核心和精髓，是習近平新時代中國特色社會主義思想最具國際影響力、感召力的部分。“堅持以維護世界和平、促進共同發展為宗旨推動構建人類命運共同體，是新時代對外工作的總目標。”

構建人類命運共同體，關鍵在行動，通過“一帶一路”國際合作、構建全球互聯互通夥伴網絡而展開，通過塑造“和平、發展、公平、正義、民主、自由”等全人類的共同價值而推進。構建新型國際關係、構建人類命運共同體成為新時代中國特色大國外交最鮮明的旗幟，不僅弘揚了和平共處五項原則等傳統中國外交準則，弘揚了聯合國憲章的宗旨和原則，也為打造融通中外的學術體系、理論體系、話語體系提供了時代機遇。

① 中共中央宣傳部、中華人民共和國外交部：《習近平外交思想學習綱要》，人民出版社、學習出版社 2021 年版，第 48 頁。

莎士比亞說，掌握我們命運的不是星座，而是我們自己。構建人類命運共同體，倡導“世界的命運必須由各國人民共同掌握”，前提是各國自立自強。面臨霸權主義、強權政治的種種挑戰時，需要國際社會解放思想、實事求是，各國政府與政黨擔負起責任，樹立正確的歷史觀、大局觀、角色觀。

目錄

序一　思想走在行動之前（潘岳）　i

序二　為構建人類命運共同體攜手前行（馬丁·阿爾布勞）　iv

序三　人本主義世界觀：構建人類命運共同體（王義桅）　vii

序章

時代之問 中國之答

一、時代之問：世界怎麼了、我們怎麼辦？　003

二、全球化之問：經濟基礎如何決定上層建築？　009

三、中國之答：構建人類命運共同體　014

四、人類命運共同體思想從哪裏來？　016

五、構建人類命運共同體是時代呼喚　022

六、構建人類命運共同體是我們星球唯一的未來　028

七、理解人類命運共同體的三個維度　032

篇一

時間維度：天涯共此時

第一章

道統：創造性轉化，創新性發展 043

一、和合共生 045

二、人人為我，我為人人 050

三、萬教歸一 056

第二章

學統：包容近現代國際體系 060

一、威斯特伐利亞體系 061

二、聯合國憲章 068

三、和平共處五項原則 073

第三章

政統：21 世紀馬克思主義 078

一、真正的世界歷史 079

二、自由人聯合體 083

三、21 世紀社會主義 086

篇二

空間維度：天涯咫尺

第四章
我們只有一個地球 091

一、人類世 091
二、全球能源互聯網計劃 094
三、未來地球計劃 096

第五章
我們共享一個月亮 099

一、外國的月亮並不比中國的圓 099
二、南方國家的月亮也很圓 104
三、我們共享一個月亮 109

第六章
我們共建“一帶一路” 114

一、發現舊大陸 117
二、發展新大陸 121
三、全球互聯互通夥伴 126

篇三

自身維度：天下大同

第七章

構建人類命運共同體的思維 133

一、超越民族國家 135

二、超越自由國際秩序 138

三、超越人類中心主義 140

第八章

構建人類命運共同體的邏輯 144

一、命運自主 145

二、命運與共 146

三、命運共同體 150

第九章

構建人類命運共同體的個案 159

一、人類衛生健康共同體 160

二、海洋命運共同體 169

三、網絡空間命運共同體 176

四、中非命運共同體 185

第十章
構建人類命運共同體的挑戰 195

一、名與實 199
二、破與立 206
三、知與行 208

結語
21世紀的張載命題 213

參考文獻 230
後　記 234

序章

時代之問，中國之答

讓和平的薪火代代相傳，讓發展的動力源源不斷，讓文明的光芒熠熠生輝，是各國人民的期待，也是我們這一代政治家應有的擔當。中國方案是：構建人類命運共同體，實現共贏共享。

——習近平

一、時代之問：世界怎麼了、我們怎麼辦？

1897 年，法國後印象畫派藝術大師高更（P. Gauguin, 1848—1903）完成了一幅大型作品，他用夢幻的記憶形式，把觀賞者引入似真非真的時空延續中，在長達 4 米的畫面上，從左到右表達了生命從誕生到死亡的歷程。樹木、花草、果實，所有的植物象徵著時間的飛逝和生命的消失。畫的標題是三個震撼心靈的問題：我們從哪裏來？我們是誰？我們到哪裏去？和科學家沒有交集的高更根本就沒有想到他的發問恰恰是科學界公認的最基本、最有意義、最值得研究的問題：宇宙是怎樣起源的？生命是怎樣起源的？人類的未來會怎樣？

當今世界，各國都不同程度面臨著高更之問：你從哪裏來？你是誰？你要去哪裏？英國"脫歐"如此痛苦，不正是因為在大英帝國的虛幻過去、現實的歐盟束縛以及"Global Britain"（全球英國）之間彷徨難以抉擇嗎？土耳其申請加入歐盟（走向未來）的衝動，可追溯到一個世紀前凱末爾主義的世俗化，但希望融入西方的現代土耳其，幾十年來一直在等待戈多……轉而回到現實——回歸伊斯蘭世界，又因為世俗化而不被接納；回到過去

的奧斯曼土耳其帝國時代，所有國家都不答應！這種身份認同危機其實在美國身上也有體現："山巔之城"（city upon the hill）的信仰催生了美國"決不做老二"（second to none）的信念。進入工業 4.0 時代，歷史上第一次出現非西方國家、非美國盟友、非一神教傳統國家的中國參與並引領產業革命。於是，美國舉全球霸權之力打壓中國有關的科技公司。

中國也可能面臨類似挑戰：你從哪裏來？對這個問題，中國很明確，但其他國家尤其是周邊國家有不同理解。你是誰？並非西方的民族國家，可能是文明型國家？你要去哪兒？中華民族偉大復興既有趕超美國的衝動，也給人要復興到漢唐盛世的錯

《我們從哪裏來？我們是誰？我們到哪裏去？》（法國　高更）

覺……直到人類命運共同體給中國夢的世界表達提供了方向。正如中華民族概念圓了中華文明道統一樣，人類命運共同體理念詮釋了中國與世界的關係：中國提出推動構建人類命運共同體，不是外交辭令，而是實現中華民族偉大復興中國夢的內在要求，是中國特色社會主義的應有之義，鮮明體現了當代中國共產黨人的全球視野。

世界又何嘗不是如此？習近平 2021 年 7 月 6 日晚在中國共產黨與世界政黨領導人峰會主旨講話中指出："今天，人類社會再次面臨何去何從的歷史當口，是敵視對立還是相互尊重？是封閉脫鉤還是開放合作？是零和博弈還是互利共贏？選擇就在我們手中，責任就在我們肩上。”

時代之問，中國之答。

當代西方思想家中最能深入認識到中華文化對復興西方文明價值的，當推英國歷史學家湯因比。在其巨著《歷史研究》、《人類與大地母親》和《展望21世紀——湯因比與池田大作對話錄》中，湯因比一再宣告“21世紀是中國人的世紀”這一不朽預言，並且以深通東西文明奧秘的偉大哲學眼光，深刻而精闢地論述了這一預言的學術依據——

東亞有很多歷史遺產，這些都可以使其成為全世界統一的地理和文化上的主軸。依我看，這些遺產有以下幾個方面：

第一，中華民族的經驗。在過去二十一個世紀中，中國始終保持了邁向全世界的帝國，成為名副其實的地區性國家的榜樣。

第二，在漫長的中國歷史長河中，中華民族逐步培育起來的世界精神。

第三，儒教世界觀中存在的人道主義。

第四，儒教和佛教所具有的合理主義。

第五，東亞人對宇宙的神秘性懷有一種敏感，認為人要想支配宇宙就要遭到挫敗。我認為這是道教帶來的最寶貴的直感。

第六，這種直感是佛教、神道與中國哲學的所有流派（除去今天已滅絕的法家）共同具有的。人的目的不是狂妄地支配自己以外的自然，而是有一種必須和自然保持協調而生存的信念。

第七，以往在軍事和非軍事兩方面，將科學應用於技術的近代競爭中，西方人雖佔優勢，但東亞各國可以戰勝他們。日本人已經證明了這一點。

第八，……敢於向西方挑戰的勇氣……今後還要保持下去，不過我希望在人類歷史的下一階段，能夠把它貢獻給和平解決人類問題這一建設性的事業上來。

……從整體上看，中國的歷史是一部在政治上富有成功經驗的歷史，而且今天還在以"人民共和國"的形式繼續存在著。這跟在西方企圖實現持久的政治統一與和平而沒有達成的羅馬帝國的歷史，形成了鮮明的對照。

……羅馬帝國解體後，西方的政治傳統是民族主義的，而不是世界主義的。由此看來，今後西方也似乎不能完成全世界的政治統一。

將來統一世界的大概不是西歐國家，也不是西歐化的國家，而是中國。並且正因為中國有擔任這樣的未來政治任務的徵兆，所以今天中國在世界上才有令人驚歎的威望。中國的統一政府在以前的兩千二百年間，除了極短的空白時期外，一直是在政治上把幾億民眾統一為一個整體的……最近五百年，全世界在政治以外的各個領域，都按西方的意圖統一起來了。恐怕可以說正是中國肩負著不止（只）給半個世界而且是整個世界帶來政治統一與和平的命運。①

湯因比認為，儘管西方一直以來都期望能達成世界政治的統一和持久的和平，但西方的政治傳統自羅馬帝國解體之後就偏向了容易導致分裂的民族主義（中間還有個大一統宗教的時期），難以促使人類統一為一個整體。而這個西方不可能完成的任務，正是中國肩負的使命。構建人類命運共同體，就是中國向世界 78 億民眾所交出的答卷。

① 〔日〕池田大作、〔英〕湯因比：《展望 21 世紀——湯因比與池田大作對話錄》，荀春生等譯，國際文化出版公司 1999 年版，第 277—279 頁。

《這一近、那長遠》（中國　黃永濱），以全球性的經濟體系為創作思路，體現“一帶一路”對現代經濟融合以及互聯互通起到的重大作用

“當今世界充滿不確定性，人們對未來既寄予期待又感到困惑。世界怎麼了、我們怎麼辦？這是整個世界都在思考的問題，也是我一直在思考的問題。”2017 年 1 月 18 日，習近平主席在聯合國日內瓦總部發表的題為《共同構建人類命運共同體》的主旨演講，系統闡述了人類命運共同體思想，在新時代回應了“高更之問”。

四個月後，在首屆“一帶一路”國際合作高峰論壇上，習近平主席進一步提出解決“和平赤字”、“發展赤字”、“治理赤字”的“一帶一路”方案。在同年底舉行的中國共產黨與世界政黨高層對話會上，他明確指出：“我提出‘一帶一路’倡議，就是要實踐人類命運共同體理念。”從而解決了構建人類命運共同體的合作平台。

二、全球化之問：經濟基礎如何決定上層建築？

世界本一體，是地殼運動將地球分成了不同板塊。

人類本同源，生命起源於海洋，智人從東非走向世界。[①]

本是同根生，相煎何太急？世界再也無法承擔分離之苦。環球同此涼熱，人類再也無法遭受不可持續發展之痛。

當今世界，正經歷從自然地理、政治地理到功能性地理的轉變，邁入互聯互通新時代。

功能性地理包含“實”與“虛”兩個層面的內涵：“實”包括交通運輸網和基礎設施建設工程，乃至於能源互聯網，主要服務於物資的聯通與交換；“虛”則是信息互聯網和更高級別的萬

① 當然，這是最典型的說法，還有智人不同起源說。

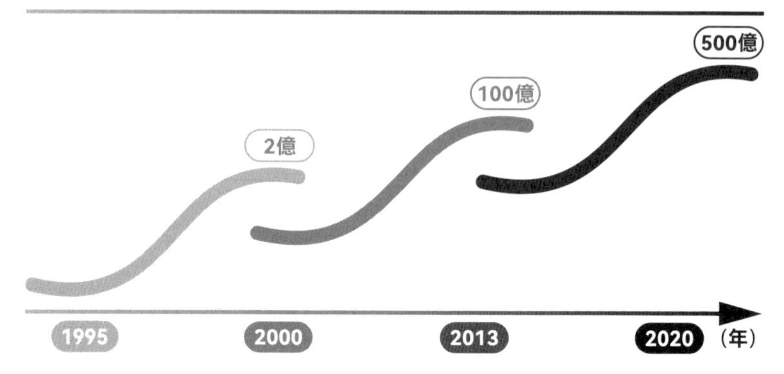

進入 21 世紀以來，連接至互聯網的終端數量快速增長

物互聯（Internet of Everything，簡稱 IoE），主要服務於信息的聯通與交換。

正所謂世界是通的，美國學者帕拉格·康納在其著作《超級版圖：全球供應鏈、超級城市與新商業文明的崛起》（下稱《超級版圖》）中，舉了大量互聯互通之後帶來的生產力、生產效率和經濟發展水平提升的例證，更提出了"互聯互通決定 21 世紀競爭力"的觀點[①]。

互聯互通之妙，在近代法、德競技中也得到了鮮明的體現。自從步入鐵路時代，法國的發展就一直敵不過德國，原因可以從雙方的鐵路網發展中找到蛛絲馬跡：德國的鐵路網密集交織、互聯互通；而法國的鐵路網不僅沒有德國密集，更重要的是條條鐵路通巴黎。

①〔美〕帕拉格·康納：《超級版圖》，崔傳剛、周大昕譯，中信出版社 2016 年版。

新時代的互聯互通是時空的立體組網，空間的陸海一體、四海一家，時間的互聯互通，萬物的互聯升級，催生超越現代性、古典性的價值觀。作為對互聯網時代的超越，萬物互聯、人機交互、天地一體的時代正在到來。

互聯網的下一波浪潮將會是在人員、流程、數據以及實物之間實現融合，從而形成組網。這也就是思科公司正在全球範圍內發起並推動的萬物互聯。

萬物互聯將人、流程、數據和終端結合在一起，使得網絡連接變得更加相關、更有價值。萬物互聯將信息轉化為行動，給個人、企業和國家創造新的功能，並帶來更加豐富的體驗和前所未有的經濟發展機遇。

根據思科公司的估計，2013 年全球只有不到 1% 的實物是連接到互聯網的，99.4% 的實物尚未實現互聯。在個人層面，每個人平均有大約 200 件實物可以實現連接。

Statista 數據顯示，2020 年全球物聯網市場規模達到 2480 億

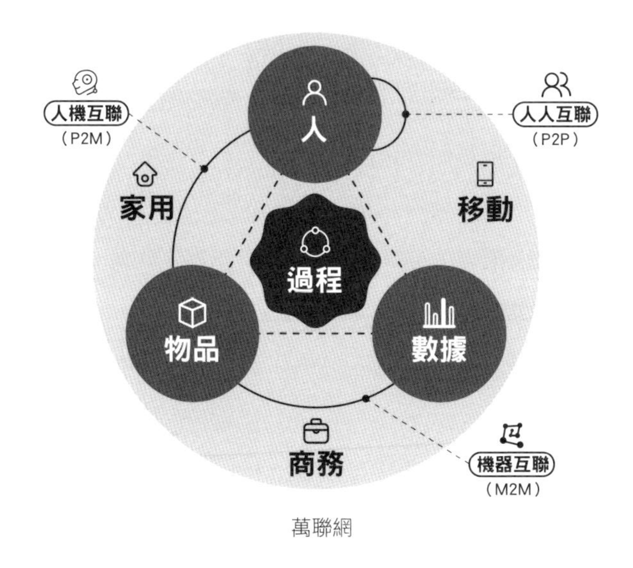

萬聯網

美元，到 2025 年預計市場規模將超過 1.5 萬億美元，複合增長率達到 44.5%。

移動互聯網整合了社會閒置資源，產生了新的商業模式，以共享經濟模式為其代表。

使用但不佔有，是共享經濟最簡潔的表述。激活經濟剩餘，是社會財富增長的一個新途徑。過去，經濟剩餘的存在是碎片化的，零零散散地存在於社會各個領域，整合成本極高，社會價值很低。現在，藉助於共享經濟的各種創新模式，大量的經濟剩餘被整合起來，在全社會範圍內重新對接供需，於是就產生了新的經濟效益。由此，實現了"人盡其才、物盡其用"，宏觀經濟的發展也具備了新動能。

共享經濟是一場深刻的經濟革命。在去中心化的價值傳承下，合作分享的思維方式成為商業發展的主旋律，這給整個社會的資源重構、組織重構、供需重塑，甚至治理模式都帶來了巨大影響。正如羅賓・蔡斯所言，"人人共享正在推動這個工業化社會轉型為分享經濟社會"①。

共享經濟把熟人之間的分享關係擴大到了陌生人群體，提升了社會成員的互信水平。共享經濟是基於熟人關係催生出的商業形態，它基於移動互聯網技術的發展，意味著熟人信任開始過渡到商業化信任。在這一新型的商業模式下，人們發揮分享的精神，藉助互聯網帶來的便利，依靠團體協作的方式，讓社會資源重新流動起來，從而實現按需分配的社會資源再分配，真正實現"使用而無須佔有"的美好願景。

同時，共享經濟促進了生產方式由大規模單一中心轉向去中

① 〔美〕羅賓・蔡斯：《共享經濟：重構未來商業新模式》，王芮譯，浙江人民出版社 2015 年版，前言第 2 頁。

心化的個性化定製。相比前兩次工業革命塑造的以“單一中心、大規模、統一標準”為主要特徵的模式，共享經濟去中心化的價值網絡更加注重提供個性化的產品和服務。個人既是消費者同時也是生產者，大大激發了創業創新活力。總體來看，共享經濟也是當今移動互聯網技術發展到一定階段的必然產物。移動互聯網發展以及智能終端的普及實現了參與者的廣泛互聯，移動支付和基於地理位置的服務（LBS）讓分享變得簡單快捷。網絡與大數據分析技術實現了資源供需雙方的精準高效匹配，極大地降低了個體之間碎片化交易的成本。社交網絡及信用評價機制日漸成熟，培育了新的信任關係。共享經濟的發展也推動了一個超級鏈接網絡的形成，通過對社會閒置資源的再利用，強化了人與人、人與物、物與物之間的連接。[①]

經濟基礎決定上層建築。全球化的新形態，催生出人類命運共同體理念。

共享經濟連接各地的經濟剩餘，使得地球上的資源可以被高效地配置起來，為實現世界可持續發展，建設共同繁榮、清潔美麗的世界提供了一條路徑。重要的是，這種共享是每個國家、每個城市、每個人都能參與進來的，它能夠讓人真切地感受到世界其實是“通”的，人類命運休戚與共，所有人都可以，也應該參與到人類命運共同體的構建中來。

網絡的發展和萬物互聯時代的來臨，讓每個人都前所未有地緊密相連。可以想見，未來人與人、人與物、物與物之間的聯繫會隨著信息網絡的發展而越發緊密，人類命運共同體應時代需求而生，與信息化社會有天然的適配性。

---

① 馬化騰等：《分享經濟：供給側改革的新經濟方案》，中信出版社 2016 年版，前言。

然而，在工業化時代，起源於西方的資本主義文明在全球的擴張，逐漸產生並日益加劇著三種關係的緊張："人與社會關係緊張——後冷戰時代的衝突和危機還在顯示，隨著資本主義工業化而來的現代性矛盾，並未因冷戰的結束而消除；人與自然關係緊張——現代工業文明徹底打破了自然的和諧與寧靜，人類成了自然的主人和敵人；人與人關係緊張——現代化帶來了'迷心逐物'的現代病，席捲世界的金融危機，就起源於華爾街從金融衍生品追逐超額利潤的過度貪婪。"①

而構建人類命運共同體可以從人與社會、人與自然、人與人三個層面來解決資本主義全球擴張之後帶來的問題。在人與社會層面主張共融，塑造交流互鑒的文明共同體；在人與自然層面主張共生，建立和諧共生的生命共同體；在人與人層面主張共業，成為同舟共濟的關係共同體。

三、中國之答：構建人類命運共同體

"世界那麼大，問題那麼多，國際社會期待聽到中國聲音、看到中國方案，中國不能缺席。"②

"大時代需要大格局，大格局呼喚大胸懷。從'本國優先'的角度看，世界是狹小擁擠的，時時都是'激烈競爭'。從命運與共的角度看，世界是寬廣博大的，處處都有合作機遇。我們要傾聽人民心聲，順應時代潮流，推動各國加強協調和合作，把本國人民利益同世界各國人民利益統一起來，朝著構建人類命運共

① 葉小文：《新絲綢之路：兩大文明的再度交匯》，《人民日報》2014 年 3 月 27 日。
②《國家主席習近平發表二〇一六年新年賀詞》，《人民日報》2016 年 1 月 1 日。

同體的方向前行。”[①]“一帶一路”倡議與構建人類命運共同體，成為人類應對全球化挑戰的中國方案與中國智慧。

近代以來，中國著眼於解決的是中國問題：民族獨立、國家富強。改革開放，中國開始解決發生在中國的世界問題：市場經濟、人民幸福。進入新時代，中國越來越多地解決人類問題：持久和平、普遍安全、共同繁榮、開放包容、清潔美麗，它們共同構成人類命運共同體的五大支柱。

在世界局勢處於大轉型、大變革的關口，習近平主席胸懷古今中外，心繫東西南北，提出人類命運共同體理念，彰顯人類社會共同理想和美好追求。在新時代將傳統中國天下大同、協和萬邦的思想予以昇華，將中國外交的和平、發展、合作、共贏的宗旨予以鑄魂，將中國共產黨為世界進步事業作出新的更大貢獻的世界初心予以宣示，將聯合國憲章的宗旨和原則予以弘揚，得到了國際社會廣泛而積極的響應。

當然，人類命運共同體既是靜態的——發現已有共同價值觀，也是動態的——共同塑造人類的共同價值觀或者未來的共同價值觀。它不只是一種對話式文明，還是未來人類文明的塑造。過去無可繼續，未來猶可期。過去的一切，皆為序章。過去的國際體系，只是人類命運共同體理念的序章，序幕拉開後的人類命運共同體是一個正在進行的、動態的、具有包容性的建構過程。

① 習近平：《加強政黨合作　共謀人民幸福——在中國共產黨與世界政黨領導人峰會上的主旨講話（2021年7月6日，北京）》，《人民日報》2021年7月7日。

中國古人認為構成生命現象與生命意義的基本要素是天、地、人。“天”是指萬物賴以生存的空間；“地”是指萬物藉以生長的山川大地；“人”雖為萬物之靈，但要順應天地以化育萬物。《生存．發展》（中國　周昌新）體現了天、地、人合而為一，萬物生生不息的境界

四、人類命運共同體思想從哪裏來？

人類命運共同體是全球化時代天、地、人思想的昇華。

人類本是命運共同體，只是全球互聯互通水平制約了其認識。全球化實踐，催生了人類命運共同體意識。

那從人到人類，從命到命運，從共同體到命運共同體，人類命運共同體思想是如何形成的？

（一）從人到人類

從人到人類，不只是人本主義的連續性突破了群己悖論，更是本質的拓展。“類”的概念，不只是智人區別於其他動物，更是類本質的不同。馬克思在《1844 年經濟學哲學手稿》中指出：“…… 人的類特性恰恰就是自由的自覺的活動。”

人類是人的總稱，從進化意義上的智人（學名：Homosapiens）到人，再到政治意義上的人民，最後歸於一個大而全的概念——人類。西方主導世界的500年來，誕生出旨在證明“自我”是文明、“他者”是野蠻的人類學（不可避免地導致種族之爭）和人類中心主義（消極人類世[①]），這些都不會讓我們的未來變得更美好。人類已經到了反思現代性、全球性，回歸人類性的時候。人類命運共同體理念就是在這樣一個變革的時代應運而生的，它呼喚我們超越國家利益來看人類社會的未來，關注長遠的人類整體利益；它的出現，既有利於應對氣候變化等全球性危機，也有利於塑造深海、極地、網絡、外空等新疆域全球秩序。人類不能在21世紀重複19世紀的權力政治規則，21世紀的人類需要21世紀的新規則，需要將悲觀的消極人類世扭轉為樂觀的積極人類世。

（二）從命到命運

自由的活動受制於一定的時空，自覺的活動體現為將定數變成變數。這解釋了從人的命到人類的命運的轉變——命為定數，指某個特定對象；運為變數，指時空轉化。

不同於歐洲共同體，人類命運共同體是全人類的、尊重主權的，不會產生弱者依存於強者的不平等。對於人類命運共同體，西方強調必然性的命運（destiny）觀，印度強調偶然性的命運（Pratītyasamutpāda）觀，中國則主張必然性和偶然性相統一的命運觀（厚德載物，修德立命）。

（三）從共同體到命運共同體

家庭、部落、國家，乃至國際社會，人們組成不同層次的共同體，即德國社會學家滕尼斯所說的血緣共同體、地域共同體與精神共同體。個體命運與國家命運相連，所謂家國情懷；全球化

① 人類世意味著人類成為環境演化的最重要影響因素。消極人類世即人類對地球造成的負面影響。

時代，國家命運與人類命運相連，形成地球村村民的概念，共同體上升到命運共同體。

（四）從命運共同體到人類命運共同體

西方有豐富的“人類”、“共同體”思想，甚至有“人類共同體”提法，中國的創新在將人倫的時代表達——命運[①]，拓展到人類命運共同體高度。“命運”不是前世的“天定命運”（Manifest Destiny），亦非來世的“歸宿”，而是今世的“共同命運”。在中國語境中，命運是自主的，因為人是可以“贊天地之化育”的。“共同命運”一方面將人從外界權威中解放出來，另一方面塑造了團結共同的人類價值向度。因為命運是自主的，所以需要尊重多樣性的實現方式；因為命運是共同的，所以需要超越個體的整體性思維，一同面向共同未來。

一句話，人類命運共同體理念借鑒並超越了西方共同體思想與人類學，尤其是社會學的個體—社群或公域—私域理論、倫理學的契約與功利主義、政治學的世界主義和社群主義、法學的萬民法與正義論、宗教學的普世主義與多元主義，又超越了源於一神論的封閉性與排他性，彰顯世俗倫理與社會主義精神。正如費孝通先生指出的：“他們（即西方社會）常常由若干人組成一個個的團體。團體是有一定界限的，誰是團體裏的人，誰是團體外的人，不能模糊，一定分得清楚。在團體裏的人是一夥，對於團體的關係是相同的，如果同一團體中有組別或等級的分別，那

① 長期以來，由於崇拜理性的選擇偏好，從蘇格拉底與柏拉圖對人作為共同體組件的工具性解釋，到霍布斯政治哲學中對“人人為敵”的描述，西方政治思想一大缺陷就在於不注重人倫，甚至否定、抵制人倫，從而造成對人本身及其共性價值的忽視。西方政治思想對人、人性、人類本身缺乏關懷，由此關注各種抽象的普遍主義和具體的特殊主義，從而導致無休止的對抗思維。參見姚中秋：《西方政治哲學的病理分析——以〈理想國〉〈利維坦〉為樣本》，《探索與爭鳴》2018 年第 2 期。

也是先規定的。”[①]

世界有三大文化：一神論、多神論、無神論。一神論雖也宣稱多元一體但本質是同質性文化，主張普世價值觀，唯我獨尊，造成宗教戰爭和文明衝突；多神論主張生命輪迴觀、價值相對主義，很難團結；無神論既世俗化又尊重不同信仰，利於大一統，能夠實事求是，這是中國共產黨結合優秀傳統文化並弘揚社會主義精神的應有之義，即在國際社會弘揚公平正義的新型國際關係與人類共同價值觀。

構建人類命運共同體，應超越時間、空間維度理解，凸顯其思維意義。縱觀歷史可以發現，人類命運共同體是全球化發展到高級階段才能形成的意識，超越了古代文明等級的天下概念和近代中心—邊緣西方秩序觀，是人類新文明意識形態。人類命運共同體理念超越了古代帝國、近代世界政府概念，強調尊重國家主權和世界多樣性，主張各國獨立自主，命運與共。

在人類歷史上，先後出現過帝國、世界政府的形態和設想，也有世界大同的衝動和全球治理的實踐。但帝國設想總難免陷入擴張和衰落的循環，對外爭霸戰爭此起彼伏，造成世界不可承受之痛。從但丁的“世界帝國”論，到康德為了迎來永久和平而倡導的“世界聯邦”，再到羅素和愛因斯坦的世界政府思想，主要是為了維持和平，較少會涉及治理層面的探討。比如，承襲世界政府思想而建立的“國際聯盟”和聯合國，其主要宗旨也是維持世界和平（它們各自創立於“一戰”、“二戰”之後），在治理層面則較為欠缺。而康德、愛因斯坦等西方先賢的永久和平論思想以己及人、由近及遠的放射狀思維，不是成為烏托邦，就是被扭

① 費孝通：《鄉土中國》，人民出版社 2008 年版，第 27 頁。

曲、濫用。比如，康德的永久和平建立在其他國家都實現共和制的基礎上，建立在以同質性為前提，實現同質性為目標，以民主和平論搞民主輸出的悲劇基礎上。人類命運共同體則充分尊重國家主權和差異性，倡導各國成為自己而非成為他者。

在聯合國教科文組織總部大樓前的石碑上，用多種語言鐫刻著這樣一句話："戰爭起源於人之思想，故務須於人之思想中築起保衛和平之屏障。"因此，構建人類命運共同體首先以持久和平為指向。習近平主席說，"我們要堅持多邊主義，不搞單邊主義；要奉行雙贏、多贏、共贏的新理念，扔掉我贏你輸、贏者通吃的舊思維。"①

過去，全球化思維是"雙贏"（運），無法解決不平等問題——你贏多，我贏少，就會產生你贏我輸的感覺，以至於西方戲稱"中國贏兩次"。要做到人類全贏，就必須超越"運"，強調"命運"，改變安全—經濟的分裂，即"安全靠美國、經濟靠中國"的"亞洲悖論"②。

不忘本來，吸收外來，面向未來。

人類命運共同體理念弘揚了中華傳統文化天下大同的思想，同時吸收各民族傳統文化中的類似思想，成為面向未來、引領未來的理念。

---

① 2015年9月28日，國家主席習近平在紐約聯合國總部出席第七十屆聯合國大會一般性辯論並發表題為《攜手構建合作共贏新夥伴　同心打造人類命運共同體》的重要講話。

② 2013年5月8日，時任韓國總統朴槿惠在美國國會發表演說，正式提議推行"東北亞和平合作構想"即首爾進程時，首提"亞洲悖論"（Asia Paradox）概念："東北亞地區如今出現了經濟體影響力日益增長，相互依存關係愈發明顯，同時歷史觀分歧明顯增大，政治與安全合作呈現退步的所謂'亞洲悖論'現象。"後來被概括為"安全靠美國、經濟靠中國"，甚至拓展為"世界悖論"：安全靠美國、市場靠中國。

五、構建人類命運共同體是時代呼喚

人類命運共同體的提出，是為了應對西方異化——西方反對西方，美國反對美國：世界貿易組織停擺、北約“腦死亡”，人道主義蛻變為政治鬥爭工具，氣候變化成為“地緣政治的籌碼、攻擊他國的靶子、貿易壁壘的藉口”，全球公共衛生危機造成疫苗民族主義、免疫鴻溝，乃至“不問蒼生問鬼神”；同時著眼於應對全球性問題挑戰，順應萬物互聯時代的來臨。

構建人類命運共同體，是全球化的必然要求。正如不減排，全球氣候變化將使人類無法生存一樣，如果不構建人類命運共同體，全球化便沒有未來。從這個意義上講，人類命運共同體視角是從後天看明天。

構建人類命運共同體，是技術變遷的呼喚。人工智能的快速發展考問人何以為人、何以為人類。國際社會確立了人工智能的人類中心原則[①]，工業4.0革命、萬物互聯時代的來臨也為構建人類命運共同體提供了技術支撐。比如，科大訊飛人工智能技術助力醫療和教育，在學習人類頂級專家的知識之後去賦能缺少優質人類資源（如老師和醫生）的貧困地區，這在中國得到普遍驗證。

在技術變革、新冠肺炎疫情以及全球性變革的背景下，國際共同體的發展面臨著新的要求，以適應新的國際環境，維護人類

① 人類中心原則。人工智能的使用不得侵害憲法和國際規範保障的基本人權。人工智能的研發、推廣、運用應該被用於提升拓展人的能力，使人類獲得多元幸福。為了防止人類過度依賴人工智能、惡意使用人工智能操縱人類意思決定的行為，需要把握以下原則：（1）人工智能不僅僅用來代替部分人力勞動，還可以作為高級工具輔助人類，從而拓展人類能力和創造性。（2）在人工智能利用中，人類自己可以判斷和決定如何使用人工智能。對使用人工智能帶來的後果和責任，根據問題性質在研發、提供、運用等利益相關者之間妥當分配。（3）在人工智能普及過程中，防止出現“信息弱者”和“技術弱者”群體，建立能夠使人工智能帶來的恩惠普及所有人的、易於使用的系統。引自：李慧敏：《人工智能社會需要怎樣的“緊箍咒”》，《光明日報》2019年1月17日第14版。

社會的和平與發展。

第一，依託區塊鏈等技術，未來的世界將是一個去中心化的世界，這也使得智能契約誕生成為可能。全球治理需要實現分佈式的協同合作，依靠成員共同力量而非中心權威。這也為全球治理帶來了全新的挑戰與要求。新冠肺炎疫情多地、多點的暴發已經彰顯了這一趨勢的必要性。去中心化的世界需要解構霸權，實現多層級、多單元治理體系的協作，國際共同體必然要面對這種需求。

第二，互聯互通社會的到來使得封閉式的共同體模式不再適應現實，開放性的治理模式需要更多的對話協調機制，需要開放性的身份模式，以及弱化的邊界。大數據要求開放邊界、共享信息與數據[①]，為國際共同體帶來了緊迫的開放性要求。

第三，國際共同體的關切需要面向整體和個體。構建人類命運共同體，意味著國家的需要從自利（self-interest）擴展到共同善（common good）。疫情凸顯"人類的利益最終是與他人共同而不是單獨實現的"[②]。從理論上解決個人利益與整體利益的統一，在現實中保護個體與群體成為共同體必須同時面對的問題。[③]真實的共同體是人的本質的回歸，是人從這種虛假的束縛中解放，再次實現個人利益與公共利益的統一。[④]

中國傳統哲學思想強調人應該"贊天地之化育"，促使技術

① 高奇琦、陳建林：《大數據公共治理：思維、構成與操作化》，《人文雜誌》2016 年第 6 期，第 103—111 頁。

② Kukathas C. *Liberalism, communitarianism, and political community, Social Philosophy and Policy*, 1996 (1), P.91.

③ 蔡昱：《論作為公共衛生倫理基礎的"超個體的個體"和"人類生命共同體"——兼論自由主義和社群主義的前提錯誤》，《中國醫學倫理學》2020 年第 4 期，第 389—394 頁。

④ 康渝生、胡寅寅：《人的本質是人的真正的共同體——馬克思的共同體思想及其實踐旨歸》，《理論探討》2012 年第 5 期，第 44—47 頁。

《構建人類命運共同體》（中國　李宏鈞）通過人類發展的起源、人與自然的關係、科技發展的現狀等形象來詮釋"構建人類命運共同體"的創作主題，展現世界各國人民同呼吸、共命運的幸福畫面

盡人之性、盡物之性、盡己之性、盡天地之性。"科技向善"不應只是一種理念，還應融入創新、實踐的全過程。

構建人類命運共同體，是應對人類共同危機的要求。

自從"地球村"變得越來越擁擠，居民們為了爭奪有限的生活必需品爆發了越來越多的爭吵甚至你死我活的拚殺。然而，瘟疫、其他自然災害、謠言、戰爭、恐怖主義……一波又一波共同的危機，讓一些人開始思索：究竟什麼時候人們才可以停止互相傷害，集中力量共同面對危機？

20 世紀剛剛開始的時候，在西方主要資本主義國家訴諸慘烈的世界大戰的同時，一些空想家和理想主義者便尋求在國家之外建立一個更理想的聯合體，定分止爭。但是，"一戰"後成立的國際聯盟失敗了，"二戰"後成立的聯合國也正在困境中摸索……人們清晰地記得，當戰爭來臨時，一些國家奉行"綏靖政策"或者以事不關己高高掛起的態度來冷眼旁觀一個個野心家對其他國家和人民的鯨吞蠶食，也曾記得 20 世紀 30 年代資本主義經濟大蕭條時包括美國在內的西方國家是如何以鄰為壑將危機轉嫁他國……

當然，人們也曾取得過不少令人鼓舞的進展，諸如在共同面對全球和區域經濟一體化方面成立了一系列的全球性和區域性經濟組織，包括命運共同體進化程度最深的歐洲一體化進程；諸如至今仍活躍著或者曾經活躍過的政治軍事聯盟（它們當然可以被稱為命運共同體）北約組織和華約組織等；以及諸如在應對氣候變化、恐怖主義和公共衛生安全等全球性危機上所達成的一系列議定書、路線圖等共識。

只是，全球人口從 1900 年的 16.5 億增長到如今的 78 億，世界越來越擁擠，競爭越來越激烈，人類生命更頑強也更脆弱。

而與此同時，世界無政府狀態的現實依然沒有改變，各自獨立的國家行為仍然是國際社會的基本形式，如國際政治經濟學家羅伯特·吉爾平所言："國際關係仍然是處在無政府狀態下的獨立行為者之間爭取財富和權力的循環鬥爭。"[①] 核武器的出現並沒有讓人們放棄使用武力，經濟相互依存並不能保證合作能夠取代衝突。此外，在自由和民主意識的感召下，民粹主義和保守主義思潮膨脹，讓人與人之間同樣越來越難以達成共識。

事實上，無論是在影視劇等文藝作品還是在世界主義者的思考中，人類作為一個整體不斷出現，但是人們對人類共同危機的關注則要少得多——沒有人會真正思考《流浪地球》背後的隱喻，因為那些危機在大多數人看來都只是預言家的夢囈。然而，像新冠肺炎這樣的全球性瘟疫卻是真實的，它讓所有人、所有國家都難以置身事外。

新冠肺炎疫情的全球大流行，成為百年一遇的全球公共衛生危機，歐美成為震中。而中國的積極抗疫，毫無疑問為其他國家應對疫情爭取了時間，為人類作出了重要貢獻。同時，在這次疫情的打擊下，中日韓關係有所改善，為人類命運共同體進行了現實的而不是理論上的、口號上的有力注解。這也同時警示了某些國家，面對共同的"敵人"，不應該互相猜疑、嘲弄、詆毀和攻訐，甚至落井下石。

①〔美〕羅伯特·吉爾平：《世界政治中的戰爭與變革》，宋新寧、杜建平譯，上海人民出版社 2019 年版，第 5 頁。

六、構建人類命運共同體是我們星球唯一的未來

古代有天下大同、梵我合一、彌賽亞等理想，近代有胡塞爾的地球諾亞方舟、巴克敏斯特·富勒地球宇宙飛船的理念，人類命運共同體理念繼承並超越了它們。人類命運共同體尊重不同國家的主權，主張主權平等，強調共商、共建、共享的全球治理觀。它從中國與世界的命運共同體開始，超越中國與世界的互利雙贏，追求利益、責任和命運共同體，具有清晰的現實路徑——通過"一帶一路"構建全球互聯互通夥伴網絡，反映了中國外交從和平崛起（自身）、和諧世界（外部）到中國未來與人類未來高度融合的追求，試圖尋找各國價值觀的最大公約數，走出歷史悲劇循環，共同開創美好未來，因而被第七十一屆聯合國大會主席彼得·湯姆森稱"對我而言，這是人類在這個星球上的唯一未來"[①]。

為什麼說構建人類命運共同體是我們星球唯一的未來？

因為人類嘗試過的各種安全觀、發展觀、合作觀、文明觀、生態觀均無以為繼，而人類命運共同體倡導新安全觀——你安全我才安全，你安全所以我安全，我安全就是我們的安全；新發展觀——包容性發展、可持續發展、共同發展；新合作觀——平等合作、開放合作、包容合作；新文明觀——以文明交流超越文明隔閡、以文明互鑒超越文明衝突、以文明共存超越文明優越；新生態觀——美麗、清潔、綠色。

因為我們生活在一個交織的時空，走向萬物互聯新時代，不能讓人工智能、公海、極地、互聯網、外太空等新領域再重複地

① Interview: Building community of common destiny the only future for mankind: UN General Assembly president, www.xinhuanet.com//english/2017-01/30/c_136020956-2.htm.

《交織的時空》（中國　楊洋）緊扣“多彩世界與共同命運”的主題，打破畫種技法概念的局限，用重彩礦物色潑彩、綜合材料表現的方式，意圖展現世界文明發展的多彩畫卷。古代波斯文化、古希臘雕像、中國古代石窟藝術都是人類歷史上的燦爛文明，不分國界，無問西東

緣政治、零和博弈的舊法則，不能違反人類核心價值。當前的技術革命正深刻改變著世界的交往模式與政治經濟形態，甚至重新定義人類。在去中心化的世界中，需要能指導人類安身立命的思想，而這正是人類命運共同體理念的意義。

因為我們生活在不只是相互依存，更是命運與共、休戚相關的地球村。正如全球新冠肺炎疫情所顯示的：全球化不只是資本的全球化，也是以人為本的全球化。傳統資本導向全球化，相互依存更多是弱者對強者的依存、後發國家對先發國家的依存，更多是鏈條式而非平等性、相互塑造的依存。

人類命運共同體理念具有對當今時代變化的深刻觀察，是在回答時代之問：世界怎麼了？我們怎麼辦？人類向何處去？面對百年未有之大變局，如何實現政治多極化、經濟全球化、社會信息化、文化多樣化的四位一體？

"習近平總書記深刻闡述的構建人類命運共同體理念，既承載著中國對建設美好世界的不懈追求，也反映了各國人民對世界新秩序的美好期待，受到國際社會特別是廣大發展中國家的普遍歡迎和廣泛支持。"[①] 2017 年集中見證了人類命運共同體是如何進入聯合國話語體系的。2 月 10 日，聯合國社會發展委員會第五十五屆會議協商一致通過"非洲發展新夥伴關係的社會層面"決議，呼籲國際社會本著合作共贏和構建人類命運共同體的精神，加強對非洲經濟社會發展的支持。這是聯合國決議首次寫入"構建人類命運共同體"理念。3 月 17 日，聯合國安理會一致通過關於阿富汗問題的第 2344 號決議，呼籲國際社會凝聚援助阿富汗共識，通過"一帶一路"建設等加強區域經濟合作，敦促各

① 中共中央黨史和文獻研究院：《科學回答人類前途命運的中國智慧中國方案》，《求是》2021 年第 1 期。

方為"一帶一路"建設提供安全保障環境、加強發展政策戰略對接、推進互聯互通務實合作等。決議強調，應本著合作共贏精神推進地區合作，以有效促進阿富汗及地區安全、穩定和發展，構建人類命運共同體。3月23日，聯合國人權理事會第34次會議通過關於"經濟、社會、文化權利"和"糧食權"兩個決議，決議明確表示要"構建人類命運共同體"。這是人類命運共同體重大理念首次載入人權理事會決議，標誌著這一理念成為國際人權話語體系的重要組成部分。11月1日，第七十二屆聯大負責裁軍和國際安全事務第一委員會通過了"防止外空軍備競賽的進一步切實措施"和"不首先在外空放置武器"兩份安全決議，"構建人類命運共同體"理念再次載入這兩份聯合國決議。

人類命運共同體理念的提出，標誌著中國外交從修身（獨立自主）、齊家（和平崛起）、治國（外交治理能力與治理體系現代化）到平天下（和諧世界/人類命運共同體）的昇華，中國與世界的關係從"互利共贏"到"命運與共"的邏輯延伸。

人類命運共同體繼承了和諧世界持久和平、共同繁榮的理念，拓展到普遍安全、開放包容、清潔美麗的層面；從各國和諧共處，實現國際關係民主化，發展到人類命運與共，基於國家又超越了國家思維，統籌國家與非國家行為體，統籌秩序安排與價值共享，統籌現實身份與未來歸宿，以兼具過程與程序的共同體思維超越和諧世界的目標導向。

人類命運共同體理念，及時回應了"建設一個什麼樣的世界、如何建設這個世界"的重大時代命題，是習近平外交思想的核心和精髓，是中國引領世界潮流和人類文明進步方向的鮮明旗幟。[1] 這一理念為人類社會實現共同發展、持續繁榮、長治久安繪製了藍圖，反映了中外優秀文化和全人類共同價值追求，順應了人類社會發展進步的時代潮流，成為新時代中國外交的一面鮮明旗幟。這一理念超越社會制度和發展階段的不同，站在全人類整體利益的高度審視國與國關係，展現了世界情懷和全球視野，是新時代中國外交追求的崇高目標。

人類命運共同體不是中國發明的，而是中國發現的，它反映了人類共同的心聲。

老子曰："人法地，地法天，天法道，道法自然。"構建人類命運共同體是全球化的天道，孕育著人類社會的自然原理，呼喚我輩寫出當年牛頓《自然哲學的數學原理》那樣的鴻篇巨製——《人類命運共同體的數學原理》，開啟人類新時代的文藝復興。

七、理解人類命運共同體的三個維度

人類命運共同體理念是在一定條件下產生的，是人類智慧的結晶。

（一）時間維度：天涯共此時

人類命運共同體理念超越時空之變，追求究天人之際、通古今之變，著眼於當今世界面臨的共同挑戰及和平與發展的共同任務。作為構建人類命運共同體的合作平台，"一帶一路"倡議在新時期弘揚兩千年絲路文明形成的"和平合作、開放包容、互學互鑒、互利共贏"的絲路精神，將中國古代小農經濟時代的"天

① 《求是》雜誌編輯部：《破解"世界之問"的中國方案》，《求是》2021 年第 1 期。

下大同”思想在工業、信息文明時代發揚光大，其目標就是構建人類命運共同體。

1. 復興：傳統價值的時代弘揚。

人類命運共同體思想具有深厚的文明根基。《禮記》“天下大同”思想是農耕文明命運共同體思想的集中體現，“彌賽亞”集中展示了基督教命運共同體思想，“清真言”是伊斯蘭命運共同體思想……它們只是人類命運共同體思想的雛形——“天下主義”倡導“天下無外”、“化成天下”，是文明的差序結構；基督教、伊斯蘭教文明是信仰該教的教徒（同質性）命運共同體，無法包容“非我族類”的異教徒，並非真正的人類命運共同體。人類命運共同體思想在 21 世紀復興人類各種文明的理想並揚棄之，不是化成天下、皈依異類，而是鼓勵不同發展階段、不同歷史文化背景的國家走符合自身國情的發展道路，讓命運掌握在各國人民手上，可謂“天涯共此時”。

2. 包容：包容現代性，建設全球性。

天下大勢，合久必分，分久必合。今天的“合”，就是超越國家的狹隘與國際差異，樹立人類整體意識。在 2017 年的聯合國日內瓦總部演講中，習近平主席指出，從 360 多年前《威斯特伐利亞和約》確立的平等和主權原則，到 150 多年前日內瓦公約確立的國際人道主義精神；從 70 多年前聯合國憲章明確的四大宗旨和七項原則，到 60 多年前萬隆會議倡導的和平共處五項原則，國際關係演變積累了一系列公認的原則。這些原則應該成為構建人類命運共同體的基本遵循。這表明，人類命運共同體思想繼承了人類社會孜孜以求的傳統，並在 21 世紀使之昇華，既包容了西方的現代性又超越之，著眼於全球性、整體觀。

3. 創新：創造性轉化，創新性發展。

人類命運共同體思想是對古今中外、東西南北先賢思想的創造性轉化和創新性發展。古有張載“為天地立心，為生民立命，為往聖繼絕學，為萬世開太平”，今有費孝通“各美其美，美人之美，美美與共，天下大同”，西有康德“永久和平論”，南有泰戈爾“世界上的男女都是梵的形相”，人類命運共同體思想集古今中外、東南西北之大成，打造全球化核心價值觀。

（二）空間維度：天涯咫尺

人類命運共同體思想針對世界的多樣性，從空間上塑造心理上的地球村，凝聚全人類天涯咫尺的責任感、親密感和使命感。

1. 我們只有一個地球。

“人類只有一個地球，各國共處一個世界。”命運共同體強調“命運相連，休戚與共”，為了和平、發展、合作、共贏的共同願景，攜手應對共同的危機、共同的挑戰。各國只有相互尊重、平等相待，才能合作共贏、共同發展。

人類命運共同體思想在環境上強調可持續發展；堅持綠色低碳，建設一個清潔美麗的世界；構築尊崇自然、綠色發展的生態體系。

2. 我們共享一個月亮。

近代以來，不少人篤信“外國的月亮比中國的圓”，這個外國，就是西方。這一認知，歸根結底是缺乏自信的表現。今天我們發現，其實根本就沒有外國的月亮和中國的月亮之分，大家共享同一個月亮。因此，人類命運共同體思想的提出，是中國“四個自信”在世界觀上的體現。

2017 年 1 月 18 日，習近平主席在日內瓦萬國宮發表的歷史性演講《共同構建人類命運共同體》中，系統闡述了人類命運共同體理念：

油畫《大愛跨國界　人類同命運》（加拿大　常覺圓）通過展現中國派出眼科專家為海外患者帶去光明和援建"一帶一路"沿線國家的事跡，表達了中國作為崇尚和平的東方大國，以高速發展協助世界發展的理念

——堅持對話協商，建設一個持久和平的世界。國家和，則世界安；國家鬥，則世界亂。從公元前的伯羅奔尼撒戰爭到兩次世界大戰，再到延續 40 餘年的冷戰，教訓慘痛而深刻。“前事不忘，後事之師。”我們的先輩建立了聯合國，為世界贏得 70 餘年相對和平。我們要完善機制和手段，更好化解紛爭和矛盾、消弭戰亂和衝突。

——堅持共建共享，建設一個普遍安全的世界。世上沒有絕對安全的世外桃源，一國的安全不能建立在別國的動盪之上，他國的威脅也可能成為本國的挑戰。鄰居出了問題，不能光想著紮好自家籬笆，而應該去幫一把。“單則易折，眾則難摧。”各方應該樹立共同、綜合、合作、可持續的安全觀。

——堅持合作共贏，建設一個共同繁榮的世界。發展是第一要務，適用於各國。各國要同舟共濟，而不是以鄰為壑。各國特別是主要經濟體要加強宏觀政策協調，兼顧當前和長遠，著力解決深層次問題。要抓住新一輪科技革命和產業變革的歷史性機遇，轉變經濟發展方式，堅持創新驅動，進一步發展社會生產力、釋放社會創造力。要維護世界貿易組織規則，支持開放、透明、包容、非歧視性的多邊貿易體制，構建開放型世界經濟。如果搞貿易保護主義，畫地為牢，則損人不利己。

——堅持交流互鑒，建設一個開放包容的世界。“和羹之美，在於合異。”人類文明多樣性是世界的基本特徵，也是人類進步的源泉。世界上有 200 多個國家和地區、2500 多個民族、多種宗教。不同歷史和國情，不同民族和習俗，孕育了不同文明，使世界更加豐富多彩。文明沒有高下、優劣之分，只有特色、地域之別。文明差異不應該成為世界衝突的根源，而應該成為人類文明進步的動力。

——堅持綠色低碳，建設一個清潔美麗的世界。人與自然共生共存，傷害自然最終將傷及人類。空氣、水、土壤、藍天等自然資源用之不覺、失之難續。工業化創造了前所未有的物質財富，也產生了難以彌補的生態創傷。我們不能吃祖宗飯、斷子孫路，用破壞性方式搞發展。

3. 全球公域之治。

命運共同體思想是利益共同體、責任共同體思想的昇華，它提出之初主要著眼於周邊國家，因為這是中國的安身立命之所、發展繁榮之基。後多用於發展中國家，強調南方意識，最高境界是人類命運共同體。從現實世界延伸到虛擬空間——網絡空間命運共同體，從傳統領域拓展到全球公域（global commons）——"要秉持和平、主權、普惠、共治原則，把深海、極地、外空、互聯網等領域打造成各方合作的新疆域，而不是相互博弈的競技場"[①]。

（三）自身維度：天下大同

人類命運共同體理念的關鍵詞是人類、命運、共同體。

1. 為了人類。

人類命運共同體思想繼承和弘揚了聯合國憲章的宗旨和原則，是全球治理的共商、共建、共享原則的核心理念，超越西方消極意義上的"同一個地球"、"地球村"等概念，形成積極意義上的休戚與共——不僅要在物質層面，還要在制度、精神層面上求同存異、聚同化異，達到天下為公、世界大同的境界。

從人類文明史看，人類命運共同體思想的提出，給國際社會確立了"三同"，化解了"三異"：

① 習近平：《論堅持推動構建人類命運共同體》，中央文獻出版社 2018 年版，第 419 頁。

——以共同使命化解國家利益衝突。

2018 年 4 月 10 日，在博鼇亞洲論壇 2018 年年會開幕式上的主旨演講中，習近平主席指出，“從順應歷史潮流、增進人類福祉出發，我提出推動構建人類命運共同體的倡議，並同有關各方多次深入交換意見。我高興地看到，這一倡議得到越來越多國家和人民歡迎和認同，並被寫進了聯合國重要文件。我希望，各國人民同心協力、攜手前行，努力構建人類命運共同體，共創和平、安寧、繁榮、開放、美麗的亞洲和世界”①。

習近平主席的講話表明，人類命運共同體理念是和平、發展、合作人類主題的高度濃縮和昇華，著眼於各國共同發展而非糾纏於國家利益的分歧和衝突。

——以共同目標化解全球化爭執。

和平與發展，是人類經歷一個多世紀血雨腥風的探索後得出的寶貴啟示。然而，當今世界充滿不確定性，人們對未來既寄予期待又感到困惑。世界怎麼了、我們怎麼辦？當前，這種擔心尤其體現在對全球化前途的迷茫：傳統全球化失去目標。構建人類命運共同體賦予國際社會以更宏偉的目標，超越了西式全球化的狹隘。

——以共同身份化解價值觀分歧。

中國提出人類命運共同體思想，繼承了人類社會孜孜以求的傳統，並在 21 世紀使之昇華，引領了全球治理、國際合作的新方向。人類命運共同體思想的深遠意義是告別意識形態和價值觀的對立，追求人類共同價值觀。西方有“人人為我，我為人人”名言，東方有“天下大同”思想。“命運共同體”之道具有穿越

① 習近平：《論堅持推動構建人類命運共同體》，中央文獻出版社 2018 年版，第 522 頁。

時空的普遍意義。

2. 命運與共。

從毛澤東的“環球同此涼熱”到習近平的“人類命運共同體”，中國共產黨人的世界觀與時俱進。

構建人類命運共同體包含三個層面的內容：

層面一，命運自主。各國命運要掌握在自己手裏，己立是立人的前提。然而，各國命運自主要建立在充分的發展基礎之上。中國秉持“以發展促安全，以安全得發展”的辯證思維，實現命運相通。中國積極倡導建立“同呼吸，共命運”的安全夥伴關係，超越“命”與“運”分離的美國雙邊、多邊軍事聯盟體系。美國以盟國的安全為籌碼，脅迫盟國的 5G 建設棄用華為設備，華為公司因此飽受美國長臂管轄之苦。所以，要改變在人家土地上種莊稼的尷尬，改變自身命運被別人掌控的困境，就要掌握核心技術，建立開放包容的國際體系。推而廣之，只有共同發展才能共同安全，只有充分發展才有共同命運。

層面二，有機團結（organic solidarity，區分“機械團結”）。命運聯通起來，才能改變弱國依附於強國、小國依附於大國的局面。共同發展只有建立在共同安全的基礎上才可靠。各國自主選擇社會制度和發展道路，尊重彼此推動經濟社會發展、改善人民生活的實踐，最終才能實現安全與經濟協同發展。

層面三，和而不同。各國具有差異性，世界具有多樣性，但共同的歷史記憶、共同的處境、共同的追求，將各國緊密相連，形成共同身份與認同，塑造共同未來。

3. 重塑共同體。

人類命運共同體思想是對中國與世界關係的宣示：世界好，中國才能好；中國好，世界才更好。更長遠的意義則是告別普世價值觀的虛偽，追求人類共同價值觀。正如習近平主席 2015 年 9 月在第七十屆聯合國大會一般性辯論時的講話中指出的：“‘大道之行也，天下為公。’和平、發展、公平、正義、民主、自由，是全人類的共同價值，也是聯合國的崇高目標。”[①] 人類命運共同體思想超越國際秩序和意識形態差異，尋求人類最大公約數，塑造以合作共贏為核心的新型國際關係，倡導和平發展、共同發展、可持續發展。

構建人類命運共同體，是五千年中華文明與崛起的中國對事關全人類的最基本的問題的響亮回答。這個最基本的問題，就是我們從哪裏來，現在在哪裏，將到哪裏去。

① 習近平：《論堅持推動構建人類命運共同體》，中央文獻出版社 2018 年版，第 253—254 頁。

篇一

時間維度：天涯共此時

人類命運共同體思想要通“三統”：

—道統：中華文明和其他人類文明傳統。中西方各有“各美其美，美人之美，美美與共，天下大同”、“人人為我，我為人人”的思想。印度古哲學思想 VasudhaivaKutmbkah（The Whole World is One Family）正是“天下一家”的意思。正所謂“世界是通的”，人類命運共同體思想就是要激發各種文明傳統的共鳴，又超越其地域和一神論的狹隘，是全球化時代“最高的善”。

—學統：近代以來國際體系的基本原則。從 360 多年前《威斯特伐利亞和約》確立的平等和主權原則，到 150 多年前日內瓦公約確立的國際人道主義精神；從 70 多年前聯合國憲章明確的四大宗旨和七項原則，到 60 多年前萬隆會議倡導的和平共處五項原則。這些國際關係基本準則為人類命運共同體理念提供基本遵循，也積累了豐富的實踐經驗。

—政統：馬克思主義“自由人聯合體”思想。馬克思指出，“人的本質是人的真正的共同體”。人類命運共同體理念將馬克思主義時代化，弘揚社會主義公平正義。中共十九大報告描繪的中國共產黨的世界初心——為人類的進步事業作出更大貢獻，為人類命運共同體建設提供了源源不斷的動力。

第一章

道統：創造性轉化，創新性發展

不忘本來、吸收外來、面向未來。

——習近平

傳統中國文化認為，有四種力量境界：諸道同源之理，萬法歸一之道，綱舉目張之法，提綱挈領之術。構建人類命運共同體是對各種傳統文化的創造性轉化和創新性發展。

錢穆先生在《中國文化史導論》一書中指出：人類文化從源頭看有遊牧、農耕和商業三種類型。“遊牧、商業起於內不足，內不足則需向外尋求，因此而為流動的，進取的。農耕可以自給，無事外求，並必繼續一地，反覆不捨，因此而為靜定的，保守的。”[①] 在世界整體內在動力不足、可持續發展為唯一選擇的全球化時代，遊牧、農耕、商業乃至工業文化的差異消失了，世界面臨共同的文明挑戰。

著名漢學家、德國波恩大學教授沃爾夫岡·顧彬認為，中國是歐洲文明的“福分”，中華文化一直為西方文化提供滋養。但長期以來，西方人並不了解中華文化與世界文明的對話歷史，更不了解中華文化對世界文明的影響。如果說 20 世紀的德國哲學是“我者”與“他者”的對話，那麼今天的世界就是“我者”與“夥伴”的交流，開放對話為當今世界不同文化間互融互鑒、打

① 錢穆：《中國文化史導論》（修訂本），商務印書館 1994 年版，序言。

造人類命運共同體打開了大門。①

一位西方學者曾經這樣說過，人類的奇遇中最引人入勝的時候，可能就是希臘文明、印度文明②和中華文明相遇的時候。希臘哲學強調人—自然關係，印度哲學強調人—神關係，而中國哲學強調人—人關係。

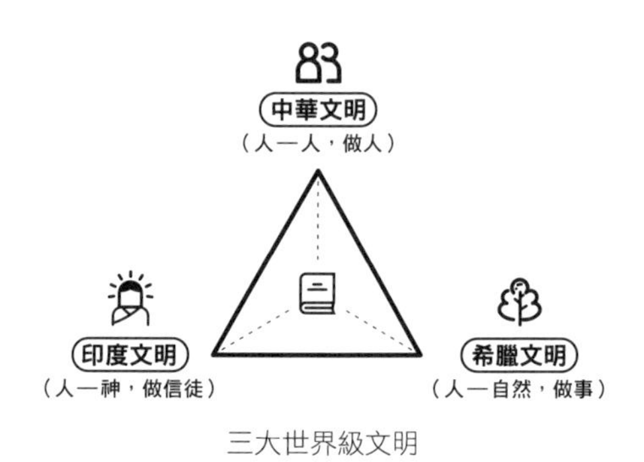

三大世界級文明

今天，這種"引人入勝的時候"由"一帶一路"倡議所開啟，將三大世界級文明——中華文明（著眼於人—人關係，強調做人）、印度文明（著眼於人—神關係，強調做信徒）及希臘文明（著眼於人—自然關係，強調做事）再次融通起來，以文明之合，超越文明之分，在 21 世紀再現古絲綢之路將中國的"四大發明"通過阿拉伯傳到歐洲的文明歷程，對接農耕文明、遊牧文明和海洋文明的和合氣象。

當然，中、西、印文化的命運觀是不同的。西方的"destiny"（命運）觀強調必然性。它起源於希臘人"moira"（命運）觀，與早期的聖地空間結構相關，後來又與"logos"（邏各

①《中外學者共話中華文明與世界文明》，《中國青年報》2017 年 9 月 28 日。

② 印度文明缺乏正史記述，也有學者建議代之以希伯來文明，後衍生出基督教文明、伊斯蘭教文明（猶太教、基督教、伊斯蘭教被稱為"亞伯拉罕諸教"）。西方文明的兩大源頭正是希伯來文明和希臘文明。

斯）聯繫起來，最後在理性化升級中，成為與“law”（自然規律）類似的東西。對西方文化來講，命運建立在對必然性認識的基礎上。印度的“Pratītyasamutpāda”（命運）觀，彰顯的是偶然性。印度人的緣起型命運建立在印度哲學的空—幻結構中。它關注現象上的每一因素、條件，注重在時點上偶發的各種互動，即所謂的“samutpāda”（起），命運就在偶然的緣會中產生（起）互動。中國的命運觀則體現了必然性與偶然性的統一。在中國人的氣化萬物中，具體之物因天地之氣化而生，稱為“命”；一旦產生就有了自己的本質，被稱為“性”。產生之後，開始作為具體之物有了生、長、亡的過程。人的這一過程是在天地之間與天地互動而進行的，受天地運行影響，天地運行稱為“運”。中國的“命運”內涵，既有宇宙必然生物的必然性的一面，又有產生之後在與天地的互動中而生的偶然性的一面，兩者的合一，構成中國的命運觀——既承認必然性，又注重靈活性。[①]

一、和合共生

大道之行也，天下為公。

——《禮記》

《禮記·禮運》中對儒家“天下大同”的思想有這樣的描述：

大道之行也，天下為公，選賢與能，講信修睦。故人不獨親其親，不獨子其子，使老有所終，壯有所用，幼有所長，矜寡孤

① 張法：《命運觀的中、西、印比較：從“人類命運共同體”英譯難點談起》，《南國學術》2019年第2期，第263—273頁。

獨廢疾者皆有所養。男有分，女有歸。貨惡其棄於地也，不必藏於己；力惡其不出於身也，不必為己。是故謀閉而不興，盜竊亂賊而不作，故外戶而不閉，是謂大同。

《老子》強調“道生一，一生二，二生三，三生萬物。萬物負陰而抱陽，沖氣以為和”的原則，突出人與自然和諧相處的重要性。

佛教對於和諧的理解更講究眾緣和合，求的是內心的平靜與內省。佛教徒把緣（條件）當作教義的核心和基石，也把它視為世界形成、存在、衰變、終止的基本原理。萬物生滅都始自條件，佛法的修行也是一樣，重要的是生活在“真相”中，並對世界的“條件”有深入的理解。這一時刻的到來，也就達到佛境（Buddhahood）了。

佛教中國化之後誕生了“月印萬川”的哲學理念：“一性圓通一切性，一法遍含一切法。一月普現一切水，一切水月一月攝。諸佛法身入我性，我性同共如來合。”當中蘊含著“萬物同一”的深刻哲理，是從中國傳統文化的角度出發對佛法的重新闡述。

宋孝宗、永樂皇帝、雍正皇帝不約而同講過幾乎相同的話，叫“儒家治世、佛家治心、道家治身”。也就是說，儒家管社會治理，佛家管精神修養，道家管身體修煉，三家看起來蠻融洽。其實從歷史上看，這個道理很簡單，在中國，佛教、道教沒有絕對性和神聖性，所以很難看到宗教之間的辯論，也不大會有宗教之間的戰爭。這是中國的一個特色。①

① 葛兆光：《什麼才是“中國的”文化》，《決策探索（下半月）》，2015年第9期，第25頁。

儒	佛	道
共生 Mutualism[①]	共業 Karma	共天 Tao

中華傳統文化的人類命運共同體思想

“儒家治世、佛家治心、道家治身”，三者之間不是互相對立排斥而是彼此包容共生。無論是“親親，仁民，愛物”的儒家仁愛思想，還是“正見正念，度己度人”的佛家五蘊皆空信仰，以及“道大，天大，地大，人亦大”的道家天人合一思想，都包含和結合了人類經驗所共有的四個維度，即自我、社群、自然、天道，它們構成了一種綜合、平衡、協調而整齊完備的人文主義。這些思想都是人類命運共同體思想的文化基因。

儒家的共生。儒家學說講格局，對內是身家國天下，對外則是“差序疆域”。從周的五服，到唐的羈縻，到明清的朝貢，再到現在的夥伴關係，其實都是共生的體現。在中國人的思維裏，天下各民族其實沒有什麼優劣之分，中央王朝區分他們只是要根據不同的對象制定不同的應對策略，儒家學說的秩序論和格局觀都非常高級！

佛家的共業。共業其實是一種哲學思想，主張人的因果鏈是互相影響的，這個其實很像榮格心理學的“集體潛意識”理論。“集體潛意識”理論認為意識分為“個人意識—個人潛意識—集體潛意識”幾個層級，人類的潛意識在集體潛意識層面是聯通的，而且人類自古以來的共通的記憶會沉澱到集體潛意識中，個人和集體不是對立的，而是一個難以分割的整體（蘊含著豐富的

① 我們至今沒有找到一個可與中文“共生”相匹配的英文單詞，所以蘇長和等人都建議用“共生”的漢語拼音。因為中文的“共生”講“和而不同”地存在、“和實生物”地發展，講“和合共生”，而“和合”又相互匹配、契合、協調、調整……“共生”含義如此多樣，幾乎沒有一個英語單詞可容納。日文、韓文倒是有“共生”的說法，發音都與中文類似。

人類命運共同體思想）。

道家的共天。道家學說內化成了中國人的自然信仰，有時候也會被統治階級借鑒，甚至還影響周邊國家。日本的神道教其實就是道教與日本自然信仰的結合。日本人的精神和歷史源頭是《日本書紀》，該書開篇的《神代（神的時代）》基本就是道教典籍的寫法：

> 神道教中的統治階級是高天原諸神，日本天皇是天照大神（高天原最高主神）的後裔，八百萬自然神是人間的管理者（跟高天原神屬於上下級關係但並不直接受高天原神的管轄）。

中國的道家以及後來發展出來的道教在體系上比較複雜，要研究比較原初的道教思想，可以從日本的神道教來反推。但不論是道家、道教還是神道教，都很注重自然信仰和天。

分映萬燈，萬教歸一。綜上所知，儒佛道教義中包含了不少人類命運共同體思想的雛形。

此外，各家都不約而同地具有"天人一體"的宇宙情懷和"天人一家"的人類情懷：儒家主張"仁者以天地萬物為一體"的大生態觀，強調人應有生態情感與生態責任，敬畏自然，保護人類共有的生活家園。佛家強調"依正不二"、"自他不二"，認為眾生生存依止的外在環境——依報，和眾生身心本身——正報，二者不可截然分離，一切眾生的生存，都必須依賴於其他眾生，生命主體與客體相互依存，互為緣起，"一體不二"。道家認為，"天地與我並生，而萬物與我為一"（《莊子・齊物論》），人體是小宇宙，自然是大宇宙，人與自然同構。它主張"道法自然"、"天人感應"、"天人合一"，強調順應自然規律，遵守自然法則，保護自然環境，節約自然資源，提倡“返璞歸真”、“崇儉節用”。

中國和中國化之後的宗教及學說的世界觀是整體的、關聯的，超出種族與國家的局限，把關懷投向全人類。歷史上，儒佛道三家在東亞的傳播都是和平的，從未發生過宗教戰爭。究其根由，是中華傳統文化所推崇的“中和之道”、“和而不同”中包含的協調智慧，能夠包容矛盾、消弭極端化思想。

這個特點也在伊斯蘭教中國化時有所體現。伊斯蘭教傳入中國後，逐步與中華文化相融合，形成了自己的特色。其中最為突出的，就是把伊斯蘭教中道思想與中國傳統文化中的“致中和”思想相結合，成就了中國伊斯蘭教溫和、理性、包容的可貴品格，形成了敬主愛人、守正自潔的優良傳統。中國穆斯林把公正、適中作為個人重要的道德修持，形成了做人做事不偏不倚、守中行善的行為規範。中國穆斯林先哲指出：“克己濟人，四海可為兄弟。所以同胞不義，對面遠如千里；異姓施仁，天涯即是比鄰。”[①]

在實踐方面，中國社會科學研究院世界宗教研究所研究員黃夏年提出了佛教命運共同體的主張。佛教命運共同體以共同的信仰為基礎，超越國家與種族，主張實現人類社會的和平、進步與發展。佛教以其內部差別多元但相互和諧的教派交流著稱。不同地域的佛教教派一直保留著相互交流的傳統，為佛教教義的發展和人類社會的共同繁榮作出了貢獻。將佛教的“中觀”與儒、道相結合而形成的“中道思維”是佛教的重要貢獻，即建立和諧、圓融、無礙社會的理念，是“尋求和諧共存的世界觀念”，“不

① 張弩：《中國宗教與構建人類命運共同體：理念與實踐》，《人權》2017 年第 2 期。

會出現當代西方關於'歷史的終結'和'文明的衝突'的描述",對國際新秩序的建立,可以發揮出自己的積極作用。[①]

將佛教放置在全球化的背景下探討佛教發展一以貫之的核心關切與其他文明的宗教信仰的比較問題,以"自在"取代"自由"被視為實現東西方文明融合的重要紐帶。自在是佛教理念,指個人心靈的解脫,達到不受種種外界的物質權力或精神執念束縛的狀態,獲得不以物喜不以己悲的證悟。其區別於西方科學文明和宗教文明的二元對立,形成自成一體的心文明。西方科學文明和宗教文明都是在從外界而非人之內心尋找自由之道,因而前者用冰冷的自然規律掩蓋終極關懷缺乏的窘境,後者寄託於信仰來接受對超自然世界的論述。心文明肯定科學的理性與西方宗教基於本民族文化的超自然認知,認為儘管超自然認知具有地方文化烙印,但內心世界的感受、認知與領悟能力卻是相通的,人類尋求內心解脫、自由自在的願望也是相通的。佛教通過弘揚這種消解心靈困境的法門,可以增進同其他文明之間的交流,在不改變表面的超自然認知差異的前提下實現世界宗教文明與科學文明之間的智慧共享,形成人類命運共同體。

二、人人為我,我為人人

Unus pro omnibus, omnes pro uno(人人為我,我為人人)。

——拉丁諺語

美國巨星邁克爾·傑克遜在膾炙人口的歌曲《天下一家》

① 黃夏年:《重構佛教命運共同體,助力"3.0版"國際新秩序》,《中國民族報》2017年4月18日。

（*We Are the World*）中寫道：

There comes a time when we heed a certain call
When the world must come together as one
There are people dying
And it's time to lend a hand to life
The greatest gift of all

We can't go on pretending day by day
That someone, somewhere will soon make a change
We are all a part of God's great big family
And the truth, you know love is all we need

We are the world
We are the children
We are the ones who make a brighter day
So let's start giving
There's a choice we're making
We're saving our own lives
It's true we'll make a better day
Just you and me

Send them your heart
So they'll know that someone cares
And their lives will be stronger and free
As God has shown us by turning stone to bread
And so we all must lend a helping hand

We are the world

We are the children

We are the ones who make a brighter day

So let's start giving

There's a choice we're making

We're saving our own lives

It's true we'll make a better day

Just you and me

When you're down and out, there seems no hope at all

But if you just believe there's no way we can fall

well, well, well

Let's realize that a change can only come

When we stand together as one

We are the world

We are the children

We are the ones who make a brighter day

So let's start giving

There's a choice we're making

We're saving our own lives

It's true we'll make a better day

Just you and me

這一時刻來到了，有人已發出號召：
讓天下人民團結在一道！
快快伸出援助的手，將死之人最需要。
對生命，這禮物才是最好。

不要幻想，日復一日地幻想，
說什麼有誰會帶來奇跡。
在上帝創造的世界裏，就包括我和你。
你我都知道：愛才是我們的唯一。

天下一家，我們是未來。
我們要創造光輝燦爛的明天，讓我們奉獻，
這才是我們的選擇，我們在拯救我們自己，
要創造一片新天地，全靠我和你。

獻出你的愛心，讓他們知道有人在關注。
讓生命更加自由、堅強。
按上帝的指示走，一切將改變，哪怕是石頭。
我們都應關愛他人，伸出援助之手。

天下一家，我們是未來。
我們要創造光輝燦爛的明天，讓我們奉獻，
這才是我們的選擇，我們在拯救我們自己，
要創造一片新天地，全靠我和你。

當你窮困潦倒，似乎希望渺渺，

但只要堅定信念，就永遠不會跌倒。

啊，我們已經明白，好日子終將來到，

只要天下團結在一道。

天下一家，我們是未來。

我們要創造光輝燦爛的明天，讓我們奉獻，

這才是我們的選擇，我們在拯救我們自己，

要創造一片新天地，全靠我和你。

歐盟的盟歌《歡樂頌》也發出了“那裏的所有人都結成兄弟”的呼喚：

歡樂啊，美麗神奇的火花，

來自極樂世界的女兒。

天國之女啊，我們如醉如狂，

踏進了你神聖的殿堂。

被時光無情分開的一切，

你的魔力又把它們重新聯結。

你溫柔的翅膀飛翔到哪裏，

那裏的所有人都結成兄弟。

……

這與中國的“四海之內皆兄弟”可謂如出一轍。

從歷史的角度看，在文明的軸心時代，中歐在諸如“人類”、“社會”、“自然”等方面有著相近的理解。到了現代，正如尼采所發現的，歐洲失去了原有的平衡：充斥狂熱與不穩定（酒神精神），理性與秩序（日神精神）卻相應減少。換句話說，現代的歐洲文化過於強勢與霸道，具有強烈的征服欲望並且常常以自我為中心。

這種過度以自我為中心的傾向漸漸演變為極端的個人主義，認為只有個人的自由才是值得追求的，這種觀念導致了人與人之間的分立和人與社會的對立。20 世紀 80 年代開始盛行的新自由主義是個人主義發展到極致的體現，新自由主義認為整體會壓迫個體，並否認社會有共同的目標和追求，新自由主義一度被包裝為攻擊社會主義和集體主義的工具，但最終在拉美和東歐的新自由主義實踐運動中被證明是失敗的。

傳統的基督教認為人是神創造的，所以人人都是兄弟姐妹，應該彼此體恤相愛，耶穌把愛人如己作為最大的誡命之一，要求基督徒遵行，強調不光基督徒之間應該彼此相愛，基督徒與非基督徒之間也應該和睦相處、以愛相待。西方基督教的"兼愛"思想在個人主義盛行的時代喪失殆盡，"人人為我，我為人人"的口號也就變成了一種美好的願景。

更何況基督教的理念具有明顯的"我們—他者"（us-others）的分野，"人人為我，我為人人"的"人"基本語境是指基督徒。宗教共同體解體後，取代宗教成為西方精神武器的是普世價值觀，不接受普世價值觀的國家和群體即被視為異端和非人，像這樣極化的二元主義是一神教的固有矛盾，當今世界的諸多爭端皆源於此。人類命運共同體理念跳出西方"我們—他者"的二元區分，以最大層面的包容——萬教歸一，幫助西方和世界找回早已丟失的"人人為我，我為人人"精神。

三、萬教歸一

眾人啊！我確已從一男一女創造你們，我使你們成為許多民族和宗族，以便你們相互認識。

——《古蘭經》49：13

《古蘭經》這句話也就是說，“不同”是不同的民族和部落了解彼此的動力，而不是衝突的原因。“世人原是一個民族”（《古蘭經》2：213）也是伊斯蘭教的人類命運共同體觀。《古蘭經》第109章《卡斐倫》第16段還有“你們有你們的信仰，我也有我的信仰”之說。

萬教歸一。各種宗教、各種文明傳統莫不呈現人類命運共同體的智慧：印度教的“梵我合一”催生了泰戈爾“讓我們相會於鳥巢”的口號。印度文明的基本哲學是整體觀念。宇宙萬物都有生命，生命只有一個，卻有億萬表現體，傷了別的生命就等於傷了自己的生命。印度輪迴轉世的觀念認為，人和其他萬物都可能轉換。因此，愛自己就必須愛萬物。這就是“命運與共”的基本理論。

遠在非洲的烏班圖（Ubuntu）思想也蘊含了豐富的人類命運共同體智慧。

“烏班圖”一詞來自南非的科薩（Xhosa）和祖魯（Zulu）文化。在祖魯語中，“Umuntu ngumuntu ngabantu”的意思是“一個人通過其他人才能成為人”，或者“因為我們，所以我存在”。烏班圖著眼於人與人之間的忠誠和聯繫，傳遞的理念是一個人生來就有義務幫助自己的夥伴與社群。曼德拉發現烏班圖是人性的內核，也是一種變革性力量。烏班圖精神是撒哈拉以南非洲共同的信仰，兼容人的個性與團結性，以不同的思想表現廣泛存在。例如，博茨瓦納茨瓦納語中的“mothokemothokabatho”就表達著類似的意思。烏班圖也超越了地區的局限，如美國職業籃球聯賽中的勁旅波士頓凱爾特人隊在獲得 2007—2008 年度冠軍時就推崇“烏班圖”這一口號。

烏班圖不僅是一種崇高的願景，也對實現這一願景的路徑提出了獨到見解。烏班圖主張，個人只有和諧地融入自己的社群，自身才能成為高尚的人，而融入社群的進程很大程度上是通過與夥伴直接面對面、積極地互動而完成的。烏班圖不同於西方哲學之處，在於對人際關係的見解，尤其是社群的視角。主流西方思想以個人主義為核心，倡導他人要尊重個體追求自我的權利。烏班圖關注的是與自己社群的成員和諧共處，並且成為整體中活躍的、直接的和積極的部分。大部分的西方崇拜主要是在制度化宗教場所中得到表達。而在烏班圖，世俗的社群本身就應該是崇拜的對象，並且這種崇拜通過與夥伴成員直接積極互動而獲得。

烏班圖是脫胎於非洲傳統生活實踐的理念，強調人與人之間的和諧共處，決策的過程是充分溝通與協商一致，決策的目的是實現群體內部所有人的利益。它既強調實質正義，也強調程序正義，與哈貝馬斯的溝通理性存在頗多共同之處。烏班圖理念假定人性本善，是一種集體主義的世界觀。它後來以真相委員會為載體被成功運用到南非民主化之後的轉型正義中，成為介於法律懲罰與無條件寬恕之間的第三條道路。有學者比較了英美式審判進程與非洲土著式溝通或談判進程。[1]

---

① Melton, Ada Pecos (2005). Indigenous Justice Systems and Tribal Society. In Wanda D. McCaslin, ed., *Justice as Healing: Indigenous Ways. Writings on Community Peacemaking and Restorative Justice from the Native Law Centre. St. Paul*, MN: Living Justice Press. pp. 108-120.

英美式	非洲土著式
• 根據亞里士多德的推理邏輯來發掘真相 • 關注是否違反法律	• 承認直覺、感覺、情感與案件存在關聯 • 關注行動對社群或受害者的影響——沒有普遍的受害者
• 專業人士代表訴訟當事人 • 法院對訴訟當事人做出意向或判決	• 訴訟當事人積極參與到傷害或決議的界定中 • 犯罪者被置於更能夠理解自己所造成的傷害或更能產生移情的境地
• 目標是促進社會控制和形成陪審團觀念 • 司法的主要目的是報復與懲罰 • 法律和秩序本身就是價值所在	• 目標是關係和社會團結的恢復 • 司法的主要目的是治癒與和解 • 法律是保護人、產權和共同體的手段
• 問責制是懲罰性處罰，或嚴格遵守法律 • 整個體系是基於人性本惡與自私的假設 • 整個體系是建立在個人主義和等級制的價值基礎上	• 問責制包括向受害者和共同體賠償、道歉和懺悔 • 整個體系是基於人性本善但會犯錯的假設 • 整個體系是建立在社群主義和平等價值的基礎上
• 權威是集中的（重視權力和權威） • 過程是情感中立和受控的	• 權威是本地化和去中心的（重視聯結與關係） • 過程是感性的，而且對於與案件直接或間接相關的事實開放

英美式	非洲土著式
• 與銀行或者其他社會經濟制度的聯繫更加重要 • 犯罪者被迫遵守法律 • 調停者受責任感驅使	• 與家庭或社群的關係更為重要 • 犯罪者被勸服而遵守規範 • 調停者為了共同體的健康而自願增強興趣和關切
• 懲罰是為了威懾，這是基於這樣的錯誤觀念——犯罪者是選擇違反法律的聰明人 • 過程能夠區分犯罪者、受害者和社群	• 傷害、產權和關係的恢復更為重要，這是基於這樣的理解——犯罪者可能是社會經濟條件下的受害者 • 過程讓犯罪者、受害者和社群重新融為一體

烏班圖具有烏托邦的一面，很多情況下忽視了資源稀缺的現實與效率的重要性。它可以在非洲部落中存在，卻未必適用於多元化的南非社會。前者群體內部同質化程度高而且成員間互動頻率高，容易形成信任，分配問題相對容易解決。但是多元社會中的分配問題往往會成為政治衝突的根源。南非儘管通過相對和平的手段實現了民主，但卻是以承認白人精英的產權合法性為代價的。在民主化之後，南非也逐漸淪為分利集團主導的國家，底層黑人除了自由以外仍然一無所有。

第二章

學統：包容近現代國際體系

理念引領行動，方向決定出路。縱觀近代以來的歷史，建立公正合理的國際秩序是人類孜孜以求的目標。從三百六十多年前《威斯特伐利亞和約》確立的平等和主權原則，到一百五十多年前日內瓦公約確立的國際人道主義精神；從七十多年前聯合國憲章明確的四大宗旨和七項原則，到六十多年前萬隆會議倡導的和平共處五項原則，國際關係演變積累了一系列公認的原則。這些原則應該成為構建人類命運共同體的基本遵循。

——習近平

如何對待當今國際秩序，如何對待當今普世價值，如何引領人類未來，是構建人類命運共同體面臨的三大考驗。換言之，如何應對世界未來挑戰從而開創人類文明新範式，直接考驗人類命運共同體的合理性、合法性、合目的性。

老子在《道德經》中稱，“人法地，地法天，天法道，道法自然”。在老子看來，一切事物效法的對象，最後的指向都是“道”，而“道”則無所效法，它以自身為法則。老子的這句話給人最大的啟發在哪裏呢？就是你不能用理念的、名稱的一套東西來代替世界本身。所謂天，是一種空間概念——基於現實，折射事物存在的合理性；所謂地，是一種時間概念——基於歷史，折射事物存在的合法性；所謂道，是一種超越時空的概念——基於未來，折射事物存在的合目的性，即事物的自身本質與存在形式的匹配性。

老子的思想在近代歐洲思想家中得到了呼應，只不過還少了一個“合理性”維度。比如，康德指出：“就其當然而論，人類歷史就是合目的的；就其實然而論，人類歷史就是合規律的。”[①] 可見，東西方理念相同，只是形式有所不同而已。

人類命運共同體思想體現了中華和合文化，包容了現代國際體系，揚棄了普世價值觀念，弘揚了聯合國憲章的宗旨和原則，是新時代對和平共處五項原則的繼承和超越。

一、威斯特伐利亞體系

主權平等，是數百年來國與國規範彼此關係最重要的準則，也是聯合國及所有機構、組織共同遵循的首要原則。主權平等，真諦在於國家不分大小、強弱、貧富，主權和尊嚴必須得到尊重，內政不容干涉，都有權自主選擇社會制度和發展道路。在聯合國、世界貿易組織、世界衛生組織、世界知識產權組織、世界氣象組織、國際電信聯盟、萬國郵政聯盟、國際移民組織、國際勞工組織等機構，各國平等參與決策，構成了完善全球治理的重要力量。新形勢下，我們要堅持主權平等，推動各國權利平等、機會平等、規則平等。

日內瓦見證了印度支那和平問題最後宣言的通過，見證了冷戰期間兩大對峙陣營國家領導人首次和解會議，見證了伊朗核、敘利亞等熱點問題對話和談判。歷史和現實給我們的啟迪是：溝通協商是化解分歧的有效之策，政治談判是解決衝突的根本之道。只要懷有真誠願望，秉持足夠善意，展現政治智慧，再大的

①〔德〕康德：《歷史理性批判文集》，何兆武譯，商務印書館 1996 年版，譯序。

衝突都能化解，再厚的堅冰都能打破。

“法者，治之端也”。在日內瓦，各國以聯合國憲章為基礎，就政治安全、貿易發展、社會人權、科技衛生、勞工產權、文化體育等領域達成了一系列國際公約和法律文書。法律的生命在於付諸實施，各國有責任維護國際法治權威，依法行使權利，善意履行義務。法律的生命也在於公平正義，各國和國際司法機構應該確保國際法平等統一適用，不能搞雙重標準，不能“合則用、不合則棄”，要真正做到“無偏無黨，王道蕩蕩”。

“海納百川，有容乃大。”開放包容，築就了日內瓦多邊外交大舞台。我們要推進國際關係民主化，不能搞“一國獨霸”或“幾方共治”……

1862 年，亨利·杜楠先生在《沙斐利洛的回憶》中追問：能否成立人道主義組織？能否制定人道主義公約？“杜楠之問”很快有了答案，次年，紅十字國際委員會應運而生。經過一百五十多年發展，紅十字成為一種精神、一面旗幟。面對頻發的人道主義危機，我們應該弘揚人道、博愛、奉獻的精神，為身陷困境的無辜百姓送去關愛，送去希望；應該秉承中立、公正、獨立的基本原則，避免人道主義問題政治化，堅持人道主義援助非軍事化。[①]

主權平等、維護和平、遵循法治、多邊外交、人道主義是聯合國成員所共同遵守的原則。人類命運共同體在遵守這些原則的同時，又融入了許多具有中國特色的全球治理觀，譬如“一多不分觀”，這種能很好地處理整體性與特殊性的哲學觀點可以為現

① 習近平：《論堅持推動構建人類命運共同體》，中央文獻出版社 2018 年版，第 416—418 頁。

今國際關係中暴露出的許多問題（如“無政府狀態”和“國內一國際”二分）提供解決思路。

與西方分的哲學觀不同，“一多不分觀”是表述中國傳統生生不息宇宙論的哲學術語，指的是天地萬物“一”與“多”的不可分割的相互關係——任何所謂單子個體同它所處情勢環境的不間斷延續性以及在這個意義上它的特殊性和它的環境多樣性的共生共存自然狀態。這是一種關係特殊性與整體性的相融互通，是在人們一般價值、意願和行為的不恰當性所造成的關係緊張狀態之中產生的共享與和諧的自然動態。更為重要的是，“一多不分”描繪的是事物的內在關係，是將任何具體特殊事物的“一”同必然作為它場域的各種互相關係形態的“多”，一起視為一個渾然而一之體。這樣看，什麼可引導我們的行為，可促進人類實現其高度和諧、儒家思想意義上的協調呢？人與人的非有限遊戲的無限關係就處在了首要地位，這樣具有獨特性的個人自然獲得了自己的認同，也同時對給他提供了存在情境的他物施展了自己的影響。

美國漢學家安樂哲指出，中國哲學文化傳統，同“無限遊戲”共鳴，與一般國際關係理論有重要區別，就在於“國家間”（inter-national）關係與“國家內”（intra-national）關係的不同。我們使用“inter-”（之間的）是將單子個體的、可比較的兩個或多個實體連接到一塊。現在“個人”電腦訪問“互聯網”（“之間”+“網絡”：inter-net）；網絡是由各個單子個體節點連接在一起的網體。但是與此不同，“intra-”（之內），也即“在裏”、“在內”，它指的是諸多特殊事物互相之間不是外在綁結的，而是具有彼此相互的、內在的關係。“之內”（intra-）是這樣的含義：不存在外部的內部。它的指向很強調情勢域境，即我們講的“一多不分觀”——全球秩序始終是一切秩序都在變化的、充滿活力的、不加虛構抽象的渾然一體。沒有任何某一秩序享有特權，居於上位主宰。提出“國家內”（intra-national）的新詞對應“國家間”（inter-national），理由是與相互獨立、單子個體化、具有居於上位主宰的各政體組織間的外部關係不同，“國家內”（intra-national）的意義是，一個內在關係的一體，是在一體性“政體組織的場域”，每個“政體組織”對全體都有自己獨特的理解角度，而且每個政體組織彼此都無不處於相互內在關係中，這樣一些政體組織構成我們共享、相互依存、相互影響、必不可少的社會政治認同。“國家內”（intra-national）呈現的，是對“焦點 / 場域”的“一多不分”關係性的理解。在這個理解上，“國家內”（intra-national）關係是無限的生態，而且是從該生態出發的、對一切關係的具體說明。因此，每一個政體組織都具有整體性、全息性。①

人類命運共同體理念強調尊重不同國家的主權平等，這是其對傳統國際關係中威斯特伐利亞體系的繼承。它更是對傳統國際關係的超越，尤其體現在超越國際關係的國家性，因為人類命運共同體的對象不光是主權國家，還包括國際組織、國內部落、團體等。

摒棄狹隘的國家性，以全人類整體利益為出發點的人類命運共同體理念的提出，預示著後西方世界的真正來臨。

“推動構建人類命運共同體，是習近平總書記站在世界歷史高度提出的中國方案，不僅有助於化解世界上不同國家之間的利益羈絆，也有助於破解當前國際關係領域流行的形而上學思維。”②

①〔美〕安樂哲：《“一多不分”視域中的人類命運共同體》，《光明日報》2019 年 7 月 6 日。
② 譚苑芳：《構建人類命運共同體的哲學意義》，《光明日報》2019 年 4 月 8 日。

首先，有助於破解“國強必霸”的片面性思維，打破西方學者臆造的“修昔底德陷阱”幻象。西方學界和政界一貫秉持“強權即真理”的霸權思維，堅信國家間的政治就是以實力為基礎的強權政治。美國學者艾利森依據古希臘歷史學家修昔底德《伯羅奔尼撒戰爭史》中的論述，別出心裁地提出所謂“修昔底德陷阱”，以論證新崛起大國（崛起國）必然要挑戰現存大國（霸權國），導致戰爭變得不可避免。這種論調為“中國威脅論”提供了理論基礎，因而在西方國家很有市場。習近平主席高舉構建人類命運共同體的旗幟，指出：“偏見和歧視、仇恨和戰爭，只會帶來災難和痛苦。相互尊重、平等相處、和平發展、共同繁榮，才是人間正道。”[①] 主張國家不分大小、強弱、貧富一律平等，承諾中國永不稱霸、永不擴張、永不謀求勢力範圍，打破了國強必霸、弱肉強食的形而上學思維邏輯，展現了一種公平正義、合作共贏的全新哲學思維理念。

其次，有助於破解“零和博弈”的惡性競爭思維，打造共商、共建、共享的新型國際治理模式。當前，世界各國積極應對經濟全球化潮流，努力構建新的競合關係，追求“雙贏”利益新格局。但少數西方國家依舊停留在“零和博弈”的舊思維裏，奉行強權政治、霸權主義、單邊主義，西方敵對勢力對我國實施“西化”、“分化”的政治圖謀，一刻也沒有停止過。習近平主席提出構建人類命運共同體的理念，以“對話而不對抗，結伴而不結盟”的原則徹底揚棄和超越傳統的你輸我贏的“零和博弈”思維，從人類共同利益的角度超越了意識形態藩籬、超越了社會制度對立、超越了發展水平差異，無疑是一種具有全局性眼光和世

① 習近平：《論堅持推動構建人類命運共同體》，中央文獻出版社 2018 年版，第 230 頁。

界性視域的發展理念。

最後，有助於破解“中心—邊緣”的不平等思維，構建更加公平合理的世界政治經濟新格局。馬克思指出，隨著歷史向世界歷史的轉變，西方殖民者“把一切民族甚至最野蠻的民族都捲到文明中來了”[①]，形成了以少數西方發達國家為“中心”、其他國家為“邊緣”的國際發展格局，使廣大發展中國家長期處於生產和價值鏈的末端。習近平主席指出：“各國要樹立命運共同體意識，真正認清‘一榮俱榮、一損俱損’的連帶效應，在競爭中合作，在合作中共贏。在追求本國利益時兼顧別國利益，在尋求自身發展時兼顧別國發展。”[②] 習近平主席提出推動構建人類命運共同體，有助於構建更加合理的國際政治經濟新格局。

以人類命運共同體看人類整體，以共同體思維超越國際關係思維，以（民族）國家為單元，從雙邊到多邊，為多邊主義尋找到價值依歸。正如習近平主席指出的：“多邊主義的要義是國際上的事由大家共同商量著辦，世界前途命運由各國共同掌握。”[③]

人類命運共同體超越了相互依存理論。相互依存理論中的相互依存，過去是弱者依存於強者，如今是強者也反對供應鏈的相互依存，主張全球供應鏈“去中國化”。而人類命運共同體則超越了消極的依附、排他性相互依存，倡導構建平等、包容的共生模式。

人類命運共同體也超越了一體化理論。以歐盟為代表的地區一體化主張國家主權讓渡，如今又回到歐洲主權概念，因此，出

① 《共產黨宣言》，人民出版社 2014 年版，第 31 頁。

② 習近平：《論堅持推動構建人類命運共同體》，中央文獻出版社 2018 年版，第 38 頁。

③ 習近平：《讓多邊主義的火炬照亮人類前行之路——在世界經濟論壇“達沃斯議程”對話會上的特別致辭（2021 年 1 月 25 日，北京）》，http://www.xinhuanet.com/politics/leaders/2021-01/25/c_1127023884.htm。

現了英國脫歐的情形。歐盟的“多元一體”在政治碎片化的今天出現“多元”而非“一體”的尷尬，證明地區一體化上升不到全球一體化，甚至會產生排他性、歧視性後果。相應地，多邊主義只有上升到全球層面才是包容的、可持續的、正義的；共同體只有上升到人類層面，才不具有同質性的宗教、國家、區域共同體的外溢性、排他性，才能實現亞里士多德“最高的善”、儒家“止於至善”的目標。

因此，不能以一體化理論的思維去理解人類命運共同體。歐洲的一體化理論，要求的是主權讓渡，最終建立超越主權的主體。這僅僅適用於歐洲的現實，對於廣大發展中國家，尤其是擁有被殖民記憶的國家來說，幾乎是不可接受的。而且歐洲近年來回歸主權，提出“技術主權”、“歐盟主權”概念。以超國家性為特點的“共同體方法”近年來也日益讓位於以強調政府間協調行動為特點的“聯盟方法”。世界的現實是，我們需要一套既立足整體又保護個體的方案，而這正是人類命運共同體在支持國家主權完整獨立方面的追求。這不是西方二元對立思想所能實現的，只有通過辯證中道的思維方可。

人類命運共同體超越線性進化歷史觀。歐盟從篤信“前現代—現代—後現代”的線性進化論，到如今要打造地緣政治的歐盟委員會，回歸民族主義、民粹主義，證明了歷史邏輯的非線性。

習近平主席指出：“這個世界，各國相互聯繫、相互依存的程度空前加深，人類生活在同一個地球村裏，生活在歷史和現實交匯的同一個時空裏，越來越成為你中有我、我中有你的命運共同體。”[①] 這是對西方國際關係理念的超越。

① 習近平：《論堅持推動構建人類命運共同體》，中央文獻出版社 2018 年版，第 5 頁。

二、聯合國憲章

作為當今世界最具合法性的國際多邊主義組織，聯合國理應成為全球治理的主體。人類命運共同體思想繼承並弘揚了聯合國憲章的宗旨和原則，將聯合國目標概括為五大支柱。

持久和平：消除戰亂、維護和平，締造和平、捍衛和平。和平來之不易，和平需要爭取，和平需要維護。中國倡導國家之間要構建對話不對抗、結伴不結盟的夥伴關係，大國之間，要尊重彼此核心利益和重大關切，管控矛盾分歧，努力構建不衝突不對抗、相互尊重、合作共贏的新型關係；大國對小國，要“平等相待，不搞唯我獨尊、強買強賣的霸道”。

普遍安全：安全應該是普遍的、平等的、包容的，鮮明倡導“樹立共同、綜合、合作、可持續的安全觀”，為加強全球安全治理指出了切實可行的路徑。共同，就是要尊重和保障每一個國家安全；綜合，就是要統籌維護傳統領域和非傳統領域安全；合作，就是要通過對話合作促進各國和本地區安全；可持續，就是要發展和安全並重以實現持久安全。

共同繁榮：水漲船高，小河有水大河滿，大家發展才能發展大家。各國在謀求自身發展時，應該積極促進其他國家共同發展，讓發展成果更多更好惠及各國人民。加強協調、完善治理，推動建設一個開放、包容、普惠、平衡、共贏的經濟全球化。

開放包容：文明因多樣而交流，因交流而互鑒，因互鑒而發展。要以文明交流超越文明隔閡、文明互鑒超越文明衝突、文明共存超越文明優越，促進不同文明在交流互鑒中共同前進，建設一個開放包容的世界。

清潔美麗：綠水青山就是金山銀山。我們應該遵循天人合

一、道法自然的理念，尋求永續發展之路。具體來說，就是“倡導綠色、低碳、循環、可持續的生產生活方式，平衡推進 2030 年可持續發展議程，不斷開拓生產發展、生活富裕、生態良好的文明發展道路”。中國將採取更加有力的政策和措施，力爭 2030 年前二氧化碳排放達到峰值，努力爭取 2060 年前實現碳中和。

聯合國 2030 年可持續發展議程 17 個目標①

儘管北約憲章也是在聯合國憲章下開展工作的，但具有明顯的排他性和假想性，在解決自身安全關切的過程中又製造出更多

① 聯合國 2030 年可持續發展議程 17 個目標是：1. 在全世界消除一切形式的貧困。2. 消除飢餓，實現糧食安全，改善營養狀況和促進可持續農業。3. 確保健康的生活方式，促進各年齡段人群的福祉。4. 確保包容和公平的優質教育，讓全民終身享有學習機會。5. 實現性別平等，增強所有婦女和女童的權能。6. 為所有人提供水和環境衛生並對其進行可持續管理。7. 確保人人獲得負擔得起的、可靠和可持續的現代能源。8. 促進持久、包容和可持續的經濟增長，促進充分的生產性就業和人人獲得體面工作。9. 建造具備抵禦災害能力的基礎設施，促進具有包容性的可持續工業化，推動創新。10. 減少國家內部和國家之間的不平等。11. 建設包容、安全、有抵禦災害能力和可持續的城市和人類住區。12. 採用可持續的消費和生產模式。13. 採取緊急行動應對氣候變化及其影響。14. 保護和可持續利用海洋和海洋資源以促進可持續發展。15. 保護、恢復和促進可持續利用陸地生態系統，可持續管理森林，防治荒漠化，制止和扭轉土地退化，遏制生物多樣性的喪失。16. 創建和平、包容的社會以促進可持續發展，讓所有人都能訴諸司法，在各級建立有效、負責和包容的機構。17. 加強執行手段，重振可持續發展全球夥伴關係。

的安全問題，這是西方二元排他性思維方式的宿命——解決一個問題又製造新的問題。

人類命運共同體思想超越北約集體安全原則（第五條）：one for all; all for one——只服務於聯盟成員，對非成員國不聞不問；同時也豐富了聯合國以國家為單位的全球多邊體系，在關注主權國家之餘，增加了對國內部落、非政府組織及跨國公司的關注，是真正的以人為本的全球化。

經濟全球化、政治多極化、文化多樣化、社會信息化，是冷戰結束後世界的主要特徵，如何統籌各方、實現四位一體呢？

——經濟全球化。整合世界三大原力——美國所代表的創新力，歐盟所代表的規範力，中國所代表的市場力，提倡競爭性合作，為全球經濟賦能。

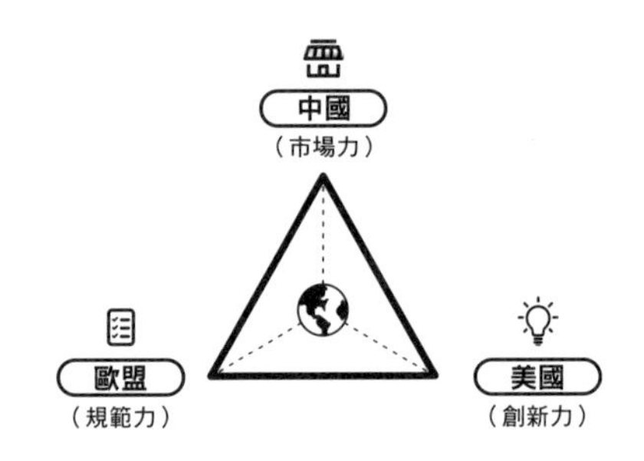

經濟全球化：世界三大原力

——政治多極化。發掘中、美、俄三國在全球治理方面的互補性，更好地服務於世界和平與發展。

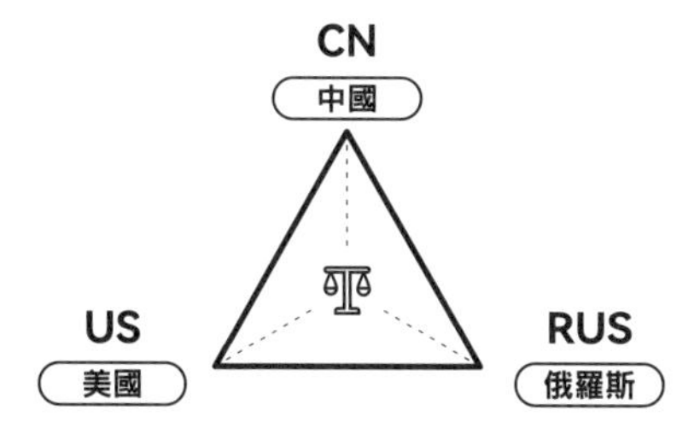

政治多極化：三大獨立體系

——文化多樣化。促進不同文明之間的融合與發展，採集各家所長，共塑人類新文明。

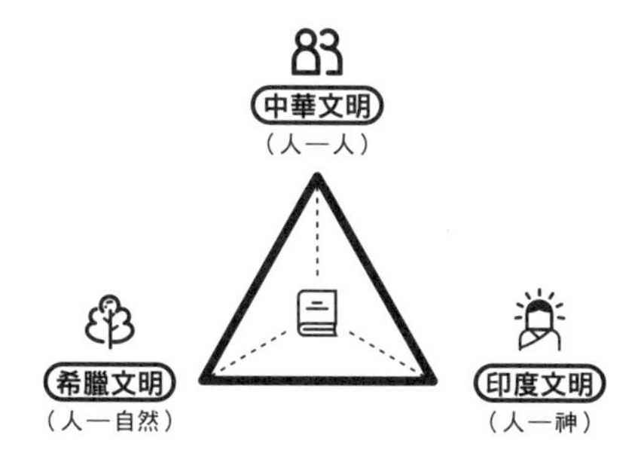

文化多樣化：三大文明

——社會信息化。升級現有互聯網，打造萬物互聯的信息社會。

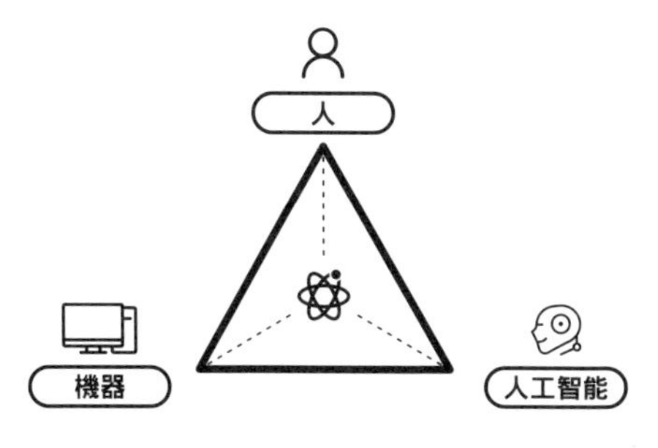

社會信息化：人一機器一人工智能

2017 年 2 月，人類命運共同體理念首次寫入聯合國決議，隨後又被陸續寫入聯合國大會、安理會、人權理事會及相關國際組織重要文件，得到國際社會廣泛認同。“人類命運共同體理念，既是對聯合國憲章宗旨和原則的繼承和發揚，更為國際法的發展開闢了新境界，指明了新方向，提供了新動力。”[①]

堅定維護以聯合國為核心的國際體系，堅定維護以聯合國憲章宗旨和原則為基石的國際關係基本準則，同各國一道，堅守多邊主義，維護公平正義，也是中國軍隊的神聖使命。正如國務院新聞辦公室 2020 年 9 月發佈的《中國軍隊參加聯合國維和行動 30 年》白皮書指出的：“當今世界，衝突地區人民依然飽受戰亂之苦，對和平的渴望更加強烈，對聯合國的期待更加殷切，對維和行動的期盼更加迫切。各國應相互尊重、平等相待，以最大誠意和耐心，堅持通過對話協商解決矛盾和問題，不能動輒訴諸武力或以武力相威脅，破壞世界和平、損害主權國家利益。各國應增強人類命運共同體意識，弘揚人道主義精神，更加堅定支持和積極參加聯合國維和行動。中國將繼續履行大國責任，加大對聯合國維和行動的支持力度，同其他國家一道，推動聯合國維和行動改革朝著健康合理方向發展。中國軍隊將繼續加大聯合國維和行動參與力度，全面提升維和能力，忠實履行使命任務，為維護世界和平作出更大貢獻。”

① 楊潔篪：《深刻認識和用好國際法　堅定捍衛國家利益　共同維護世界和平與發展》，《求是》2020 年第 20 期。

三、和平共處五項原則

1953年12月，中國政府同印度政府就兩國在西藏地方的關係問題進行談判，周恩來在會見印度代表團時第一次提出和平共處五項原則，即“互相尊重領土主權、互不侵犯、互不干涉內政、平等互惠、和平共處”。1954年6月28日、29日，周恩來在訪問印度、緬甸期間，分別與印度總理尼赫魯和緬甸總理吳努發表聯合聲明，共同倡導和平共處五項原則。1955年4月萬隆亞非會議期間，周恩來將“互相尊重領土主權”表述為“互相尊重主權和領土完整”。至此，和平共處五項原則的表述方式被確定下來：互相尊重主權和領土完整，互不侵犯，互不干涉內政，平等互利，和平共處。

這五項原則是在建立各國間正常關係及進行交流合作時應遵循的基本原則，是中國奉行獨立自主和平外交政策的基礎和完整體現，被世界上絕大多數國家接受，成為規範國際關係的重要準則。

中國是和平共處五項原則的積極倡導者和堅定實踐者。和平共處五項原則載入了中國憲法，是中國外交政策的基石。習近平主席在和平共處五項原則發表60週年紀念大會上的講話，提出“六個堅持”：

第一，堅持主權平等。主權是國家獨立的根本標誌，也是國家利益的根本體現和可靠保證。主權和領土完整不容侵犯，各國應該尊重彼此核心利益和重大關切。這些都是硬道理，任何時候都不能丟棄，任何時候都不應動搖。

國家不分大小、強弱、貧富，都是國際社會平等成員，都有平等參與國際事務的權利。各國的事務應該由各國人民自己來管。我們要尊重各國自主選擇的社會制度和發展道路，反對出於一己之利或一己之見，採用非法手段顛覆別國合法政權。

第二，堅持共同安全。安全應該是普遍的。各國都有平等參與國際和地區安全事務的權利，也都有維護國際和地區安全的責任。我們要倡導共同、綜合、合作、可持續安全的理念，尊重和保障每一個國家的安全。不能一個國家安全而其他國家不安全，一部分國家安全而另一部分國家不安全，更不能犧牲別國安全謀求自身所謂絕對安全。我們要加強國際和地區合作，共同應對日益增多的非傳統安全威脅，堅決打擊一切形式的恐怖主義，鏟除恐怖主義滋生的土壤。

對待國家間存在的分歧和爭端，要堅持通過對話協商以和平方式解決，以對話增互信，以對話解紛爭，以對話促安全，不能動輒訴諸武力或以武力相威脅。熱衷於使用武力，不是強大的表現，而是道義貧乏、理念蒼白的表現。只有基於道義、理念的安全，才是基礎牢固、真正持久的安全。我們要推動建設開放、透明、平等的亞太安全合作新架構，推動各國共同維護地區和世界和平安全。

第三，堅持共同發展。天空足夠大，地球足夠大，世界也足夠大，容得下各國共同發展繁榮。一些國家越來越富裕，另一些國家長期貧窮落後，這樣的局面是不可持續的。水漲船高，小河有水大河滿，大家發展才能發展大家。各國在謀求自身發展時，應該積極促進其他國家共同發展，讓發展成果更多更好惠及各國人民。

我們要共同維護和發展開放型世界經濟，共同促進世界經濟強勁、可持續、平衡增長，推動貿易和投資自由化便利化，堅持開放的區域合作，反對各種形式的保護主義，反對任何以鄰為壑、轉嫁危機的意圖和做法。

我們要推動南南合作和南北對話，增強發展中國家自主發展能力，推動發達國家承擔更多責任，努力縮小南北差距，建立更加平等均衡的新型全球發展夥伴關係，夯實世界經濟長期穩定發展基礎。

第四，堅持合作共贏。“合則強，孤則弱。”合作共贏應該成為各國處理國際事務的基本政策取向。合作共贏是普遍適用的原則，不僅適用於經濟領域，而且適用於政治、安全、文化等其他領域。

我們應該把本國利益同各國共同利益結合起來，努力擴大各方共同利益的匯合點，不能這邊搭台、那邊拆台，要相互補台、好戲連台。要積極樹立雙贏、多贏、共贏的新理念，摒棄你輸我贏、贏者通吃的舊思維，“各美其美，美人之美，美美與共，天下大同”。

我們要堅持同舟共濟、權責共擔，攜手應對氣候變化、能源資源安全、網絡安全、重大自然災害等日益增多的全球性問題，共同呵護人類賴以生存的地球家園。

第五，堅持包容互鑒。文明多樣性是人類社會的基本特徵。當今世界有七十億人口，二百多個國家和地區，二千五百多個民族，五千多種語言。不同民族、不同文明多姿多彩、各有千秋，沒有優劣之分，只有特色之別。

“萬物並育而不相害，道並行而不相悖。”我們要尊重文明多樣性，推動不同文明交流對話、和平共處、和諧共生，不能唯我獨尊、貶低其他文明和民族。人類歷史告訴我們，企圖建立單一文明的一統天下，只是一種不切實際的幻想。

尺有所短，寸有所長。我們要倡導交流互鑒，注重汲取不同國家、不同民族創造的優秀文明成果，取長補短，兼收並蓄，共同繪就人類文明美好畫卷。

第六，堅持公平正義。“大道之行也，天下為公。”公平正義是世界各國人民在國際關係領域追求的崇高目標。在當今國際關係中，公平正義還遠遠沒有實現。

我們應該共同推動國際關係民主化。世界的命運必須由各國人民共同掌握，世界上的事情應該由各國政府和人民共同商量來辦。壟斷國際事務的想法是落後於時代的，壟斷國際事務的行動也肯定是不能成功的。

我們應該共同推動國際關係法治化。推動各方在國際關係中遵守國際法和公認的國際關係基本原則，用統一適用的規則來明是非、促和平、謀發展。“法者，天下之準繩也。”在國際社會中，法律應該是共同的準繩，沒有只適用他人、不適用自己的法律，也沒有只適用自己、不適用他人的法律。適用法律不能有雙重標準。我們應該共同維護國際法和國際秩序的權威性和嚴肅性，各國都應該依法行使權利，反對歪曲國際法，反對以“法治”之名行侵害他國正當權益、破壞和平穩定之實。

我們應該共同推動國際關係合理化。適應國際力量對比新變化推進全球治理體系改革，體現各方關切和訴求，更好維護廣大發展中國家正當權益。[①]

中共十九大報告指出，中國積極發展全球夥伴關係，擴大同各國的利益交匯點，推進大國協調和合作，構建總體穩定、均衡

① 習近平：《論堅持推動構建人類命運共同體》，中央文獻出版社 2018 年版，第 130—134 頁。

發展的大國關係框架，按照親誠惠容理念和與鄰為善、以鄰為伴周邊外交方針深化同周邊國家關係，秉持正確義利觀和真實親誠理念加強同發展中國家團結合作。

人類命運共同體理念是對和平共處五項原則的繼承和發展，跟和平共處五項原則分處不同的時空，是新時代面對新的國際環境提出的新理念。過去的和平共處五項原則針對的主要是主權國家和依附於民族國家的國際組織、非政府組織和超國家組織等單位，而人類命運共同體的構成單元則更為廣泛和多元，所有由人類所結成的，促進人類命運朝著更好的方向發展的組織團體，乃至個人都可以是人類命運共同體的構成主體。人類命運共同體在和平共處五項原則的基礎上提出了更高的要求，不光著眼於和平共處，更多寄望於共同的發展，共同維護人類共同體的整體利益，"共建"、"共治"、"共享"、"共贏"，開創人類文明新篇。

第三章

政統：21 世紀馬克思主義

中國特色社會主義進入新時代，意味著近代以來久經磨難的中華民族迎來了從站起來、富起來到強起來的偉大飛躍，迎來了實現中華民族偉大復興的光明前景；意味著科學社會主義在二十一世紀的中國煥發出強大生機活力，在世界上高高舉起了中國特色社會主義偉大旗幟；意味著中國特色社會主義道路、理論、制度、文化不斷發展，拓展了發展中國家走向現代化的途徑，給世界上那些既希望加快發展又希望保持自身獨立性的國家和民族提供了全新選擇，為解決人類問題貢獻了中國智慧和中國方案。

——習近平

中共十九大報告強調，“中國共產黨是為中國人民謀幸福的政黨，也是為人類進步事業而奮鬥的政黨。中國共產黨始終把為人類作出新的更大貢獻作為自己的使命”。這凸顯了中國共產黨人的歷史自覺、國際視野和世界關懷，說明中國共產黨從建黨開始，就把中國人民的幸福與世界人民的幸福緊緊連接在一起，就充分意識到中國共產黨應當具備國際主義精神。這不僅是黨代會報告外交思路的調整，更體現了中國共產黨胸懷世界，今後的外交需要從“為世界人民服務”這個角度理解。

“中國共產黨為什麼能，中國特色社會主義為什麼好，歸根到底是因為馬克思主義行！”[①] 人類命運共同體思想是馬克思主義

① 習近平：《在慶祝中國共產黨成立 100 週年大會上的講話（2021 年 7 月 1 日）》，《人民日報》2021 年 7 月 2 日。

時代化最新成果，也是同中華優秀傳統文化相結合的最新成果，創造了人類文明的新形態。馬克思主義關於世界歷史、自由人聯合體、社會主義的論述，為人類命運共同體思想提供政統源泉。

一、真正的世界歷史

哲學家趙汀陽指出："世界史是一個可疑的概念。人類尚未做到'以世界為世界'。因此，作為世界之世界（the world qua a world）尚未存在。在這樣的情況下，世界史是一種誤導性的虛構。我們生活在其中的'世界'至今仍然只是一個物理意義上的世界，即地球，尚未成為一個能夠以世界利益去定義並且為所有人共享的世界，因此，我們所在的世界，除了物理性質，並無政治身份或政治的存在秩序，所以說，'世界'至今還是一個非世界（non-world）。

"在這個非世界的世界上，至今還沒有一種普遍共享的歷史。在現代之前，各地各有自身的歷史。現代的殖民運動、開拓海外市場運動以及帝國主義運動似乎把世界各地聯繫在一起，各地的多樣歷史（histories）被歐洲的歷史組織到一起，成為交織的歷史（a complex history of histories），然而，這並不是世界史，只不過是歐洲勢力的擴展史，世界各地的歷史在歐洲霸權故事中只是被動或附庸的情節。以歐洲擴張史冒充世界史，是至今流行的所謂世界史的基本模板。現代發展到極致而產生的全球化運動確實把所有人捲入到一個無處不在而難解難分的遊戲之中，但到目前為止，仍然沒有產生出能讓所有人普遍接受的遊戲規則。世界發生著一個無人能夠脫身的博弈遊戲，卻沒有成為一個共享的世界，因而只是一個失效世界（a failed world）。全球化看起來是現代性自身發展出來的掘墓人，至少使現代遊戲陷入自身導致的混亂而失去前途，特別是，全球化使得現代帝國主義支配世界的種種策略遭遇到各種不可測的反作用，世界也因此陷於失序狀態。這雖然是災難性的，但也是創造遊戲新規則的時機。

……

"真正的世界史必以世界秩序為開端去敘述人類共同生活。世界秩序不是某個霸權國家或列強聯盟統治世界的秩序，而是以世界共同利益為準的世界主權秩序；不是一國為世界建立的遊戲規則，而是世界為所有國家建立的遊戲規則。周朝的天下體系只是覆蓋有限地域的'世界性'政治秩序，是世界政治的一個概念性實驗，是世界歷史的預告。世界至今尚未變成天下，真正的世界歷史尚未開始。"①

民族解放運動興起，一大批亞非拉國家獲得獨立，並活躍在世界政治舞台上。正是基於這樣的事實，英國學者 G. 巴勒克拉夫在其文集《處於變動世界中的歷史學》中，最先明確提出全球史和全球史觀。他認為：西方史學需要"重新定向"，史學家應該從歐洲和西方跳出，將視線投射到所有的地區和時代。美國學者斯塔夫里阿諾斯撰寫了享有全球史代表作之譽的《全球通史：從史前史到 21 世紀》。他的觀點和 G. 巴勒克拉夫一致，即 20 世紀 60 年代以來的後殖民世界使一種新的全球史成為必需，新世界需要新史學。他認為，每個時代都要書寫它自己的歷史。不是因為早先的歷史書寫得不對，而是因為每個時代都會面對新的問題、產生新的疑問、探求新的答案。

馬克思、恩格斯說："各民族的原始封閉狀態由於日益完善

① 趙汀陽：《天下的當代性：世界秩序的實踐與想像》，中信出版社 2016 年版，第 207—209 頁。

的生產方式、交往以及因交往而自然形成的不同民族之間的分工消滅得越是徹底，歷史也就越是成為世界歷史。”[①] 真正意義上的世界史，則是構成這個世界的各個國家各自的文化宗旨達成共識階段。這就是提出人類命運共同體的初衷。人類進入世界歷史時代後，“每個文明國家以及這些國家中的每一個人的需要的滿足都依賴於整個世界”，各民族由地域性存在向世界歷史性存在轉化。在全球化凸顯出“命運共同體”的情勢下，構建人類命運共同體必然獲得歷史提供的經驗基礎，成為大勢所趨、人心所向。

世界歷史以尊重國家利益、承認民族差異為前提。“物之不齊，物之情也。”世間萬事萬物總是千差萬別、異彩紛呈的，只有尊重差異，才能平等交流、互鑒互助。推進人類命運共同體建設，旨在促進國家、國際組織之間的協商與合作，必須以尊重國家利益、承認民族差異為前提。具體而言，要堅持“各國主權範圍內的事情只能由本國政府和人民去管，世界上的事情只能由各國政府和人民共同商量來辦”。倡導世界各國人民共同掌握世界命運，尊重世界各國自主選擇社會制度和發展道路的權利，尊重各國根據本國歷史傳統和國情所選擇的社會制度和發展道路。

習近平在紀念馬克思誕辰 200 週年大會上的重要講話中指出，“學習馬克思，就要學習和實踐馬克思主義關於世界歷史的思想”，並強調我們要站在世界歷史的高度審視當今世界發展趨勢和面臨的重大問題，“同各國人民一道努力構建人類命運共同體，把世界建設得更加美好”。構建人類命運共同體理念是習近平以馬克思主義關於世界歷史的思想為基礎，把世界歷史思想的理論邏輯和人類社會發展的實踐邏輯相結合提出的重大理念。

---

①《馬克思恩格斯選集》（第一卷），人民出版社 2012 年版，第 168 頁。

人類命運共同體思想的問世是全球現代性反思的結果，是在馬克思世界歷史理論所揭示的"世界市場"的形成過程和"歷史向世界歷史轉化"過程中開啟的，是指向人類社會發展美好願景的中國方案。人類命運共同體不僅構成了當今世界多元現代性發展的重要組成部分，同時也創造了一種新型的現代性，是多元現代性最生動的實踐。人類命運共同體懷有相互尊重、彼此包容、求同存異的文明理念，強調發展多元現代性的自主選擇權、平等發展權；同時又尊重自由、平等、民主、法治、公平和正義等人類共同價值；還具有兼濟天下的"大道之行也，天下為公"的雄偉氣派，以"共商共建共享"思想引領多元現代性，強調要順應世界各國利益共生、命運與共的發展趨勢；堅持"並育而不相害"的多樣化的現代化模式，必將推動人類走向協調發展、均衡發展和共同發展。人類命運共同體作為中國方案、中國規則與中國智慧，深刻揭示了人類社會在現代化進程中的未來發展趨勢，為未來全球多元現代性秩序的確立和統合提供了新的思路和方案，積極發揮著對未來全球多元現代性的引領功能和導向功能，為人類解放道路的一與多、普遍與特殊提供著適宜性、示範性的現代性選擇。

趙汀陽指出，當今國際政治的問題其實不在於"無效國家"（failed state），而在於"無效世界"（failed world）。因為現有的理論沒有一個"以天下觀天下"的視角，在離開國家之後無所適從。中國的政治思想起點是天下，是一種包容性的治理模式，即"漩渦模式"。要解決世界問題，思維必須從國際政治走向世界政治。

人類命運共同體思想為世界歷史提供價值選擇，為自由人聯合體提供中介。

二、自由人聯合體

人的發展是歷史發展的核心。世界歷史思想的價值旨趣是實現個體的人和全人類的徹底自由和解放。正如馬克思所說："無產階級只有在世界歷史意義上才能存在，就像共產主義——它的事業——只有作為'世界歷史性的'存在才有可能實現一樣。"[①]

就人類本質而言，構建命運共同體是"類存在"本質的充分展開。人類作為一個總體，既是充滿差異、矛盾、衝突的存在體，同時也具有同一、合作、和諧的因素和趨向，有著共同性質、共同利益、共同命運。基於同一、合作、和諧的因素和趨向，人類形成了各種由共同生活中的某種紐帶聯結起來的穩定的人群集合體，即人群共同體。比如，以血緣關係為紐帶的原始共同體、以共同信仰為紐帶的中世紀信徒共同體，近代的民族共同體、階級共同體，以及現代國家共同體、國際共同體，等等。構建人類命運共同體就是要尊重人類不同個體、不同群體和社會組織之間共生共存、相互依賴的本真狀態，充分展開人的"類存在"的本質，有效化解差異帶來的矛盾、衝突和戰爭，實現全人類的休戚與共、同舟共濟。

馬克思認為，人類共同體的演進經歷了這樣一個歷史過程，即從前資本主義時代的"自然的共同體"，到資本主義社會的"虛幻的共同體"，再到共產主義社會的"真正的共同體"即"自由人的聯合體"。在《德意志意識形態》和《共產黨宣言》中，馬克思用"聯合體"和"共同體"（真正的共同體）來指稱未來的

①《德意志意識形態（節選本）》，人民出版社 2018 年版，第 32 頁。

共產主義社會。綜合分析馬克思關於共同體的論述，得出馬克思主義意義上的真正共同體具有以下三個方面的特徵：

一是在真正的共同體條件下，各個個體在自己的聯合中並通過這種聯合獲得自己的自由，每個人的自由是以他人的自由為前提的。只有在未來的共產主義社會裏，人的全面發展才會在真正意義上實現，"代替那存在著階級和階級對立的資產階級舊社會的，將是這樣一個聯合體，在那裏，每個人的自由發展是一切人的自由發展的條件"[①]。共產主義社會的本質規定是"以每個人的全面而自由的發展為基本原則的社會形式"[②]。馬克思、恩格斯認為，"只有在共同體中，個人才能獲得全面發展其才能的手段，也就是說，只有在共同體中才可能有個人自由"[③]。在《資本論》等著作中，馬克思對人的全面發展是共產主義的一個重要特徵同樣作了科學的論述，把能否實現人的全面發展作為衡量資本主義和共產主義的重要標準。這說明，馬克思主義創始人一直把人的全面而自由的發展作為未來共產主義社會（真正的共同體）的重要特徵和價值目標，即共產主義社會是一種由個體自然而有機結合起來的社會，是一種既具有高度自由又具有高度共同性的社會。

二是馬克思認為，在真正的共同體中，個體與共同體關係的實質，集中體現為特殊利益與普遍利益的統一。馬克思認為，資本主義社會正是由於存在著特殊利益和普遍利益之間的這種矛盾，共同利益才採取國家這種與實際的單個利益和全體利益相脫離的獨立形式，同時採取虛幻的共同體形式，而共產主義

---

①《共產黨宣言》，人民出版社 2014 年版，第 51 頁。

②《馬克思恩格斯全集》（第二十三卷），人民出版社 1972 年版，第 649 頁。

③《馬克思恩格斯選集》（第一卷），人民出版社 2012 年版，第 199 頁。

社會作為真正的共同體，個體之間的相互關係及其意識，既不是利己主義，也不是利他主義，而是對利己與利他的協調統一和有機融合，是對利己主義與利他主義的揚棄和超越。也就是馬克思在《德意志意識形態》中所強調的，“共產主義者既不拿利己主義來反對自我犧牲，也不拿自我犧牲來反對利己主義”[①]。這就是說，在真正的共同體中，消除了特殊利益與普遍利益的對立，特殊利益與普遍利益獲得了有機的協調和統一。

三是馬克思認為，在共產主義社會這一真正的共同體中，必然是人與人之間、人與社會之間、人與自然之間矛盾的徹底解決。馬克思關於未來社會的設想有一個重要的標準和價值判斷，就是人與人之間的矛盾的真正解決。馬克思在《論猶太人問題》、《1844年經濟學哲學手稿》中寫道，社會的發展就是如此，“任何一種解放都是把人的世界和人的關係還給人自己”。而“共產主義是私有財產即人的自我異化的積極的揚棄，因而是通過人並且為了人而對人的本質的真正佔有；因此，它是人向自身、向社會的即合乎人性的人的復歸，這種復歸是完全的、自覺的和在以往發展的全部財富的範圍內生成的……它是人和自然界之間、人和人之間的矛盾的真正解決，是存在和本質、對象化和自我確證、自由和必然、個體和類之間的鬥爭的真正解決”[②]。

馬克思、恩格斯在其合著的《德意志意識形態》中指出：“每一個單個人的解放的程度是與歷史完全轉變為世界歷史的程度一致的。”[③] 伴隨著歷史向世界歷史的轉變，個人將從狹隘的、地域性的、孤立的個人向世界歷史性個人轉變。因而，只有到了資本

① 《德意志意識形態（節選本）》，人民出版社 2018 年版，第 98 頁。
② 《馬克思恩格斯全集》（第三卷），人民出版社 2002 年版，第 297 頁。
③ 《馬克思恩格斯選集》（第一卷），人民出版社 2012 年版，第 169 頁。

主義的世界歷史被共產主義的世界歷史代替的時代，才能說個體的人和人類實現了真正的解放和自由。

關於自由人聯合體、共產主義、歷史成為真正的世界歷史等設想，馬克思、恩格斯的著作中都有付諸實現的社會前提，基本的經濟前提——公有制（生產資料社會佔有），基本的政治前提——無產階級專政，包括人的思想的解放等。人類命運共同體是自由人聯合體在當今時代的理念與路徑，是通向人的自由與解放的必經路徑，它同真正的自由人聯合體即共產主義社會本質上是一致的，但兩者也有區別：一個是就現實而言（不充分的、有限的、困難重重的），一個是最終理想（只有大同社會才能得到充分完整的實現）。有點類似我們講的現實綱領同最高綱領的關係。

自由人聯合體的實現意味著全人類的解放，也是人類歷史發展的最高階段，人類命運共同體是自由人聯合體的當代實踐，也是書寫真正的世界歷史的序章。

然而我們也必須承認，自由人聯合體是“國家連同紡織機和青銅器放在博物館”（恩格斯語）後的狀態，人類命運共同體則是現今這個還以國家主權為主導的歷史階段（同時也是不完全的世界歷史階段）的進行時，服務於將來時的共產主義奮鬥目標。堅持構建人類命運共同體，就是堅持馬克思主義的時代化。

三、21 世紀社會主義

習近平在中共十九大報告中鄭重宣告：中國特色社會主義進入了新時代。這個新時代，是承前啟後、繼往開來、在新的歷史條件下繼續奪取中國特色社會主義偉大勝利的時代。中國特色社會主義進入新時代，“意味著科學社會主義在二十一世紀的中國煥發出強大生機活力，在世界上高高舉起了中國特色社會主義偉大旗幟”。置身新時代，我們必須不忘初心、牢記使命，從歷史和現實相貫通、國際和國內相關聯、理論和實際相結合的寬廣視角，不斷深化對一些重大理論和實踐問題的認識，不斷增強中國特色社會主義道路自信、理論自信、制度自信和文化自信，做到堅持和發展中國特色社會主義要一以貫之，讓科學社會主義真理之光在新時代更加璀璨奪目。

中國傳統文化有天下觀——真正的世界歷史的雛形，也有世界大同理想——自由人聯合體的樣板，中國是世界最大的社會主義國家，提出人類命運共同體理念是政治與文化屬性的新時代融合。

其一，己所不欲，勿施於人。中國夢是東方文明復興夢。對周邊國家，中國秉持親誠惠容理念，著力打造責任共同體；對發達國家，秉持互利共贏、相互尊重理念，著力打造利益共同體。中國不會重複國強必霸的歷史循環，不會將自己的意志強加於人，中國正在展示傳統文化的忠恕之道，努力開創新興國家關係，提出亞洲新安全觀，倡導和諧地區、和諧世界。亞洲是中國和周邊國家的共同家園，各方有責任共同維護好和平繁榮穩定的局面。要做到這一點，關鍵是實現中國與周邊國家的“政策溝通、設施聯通、貿易暢通、資金融通和民心相通”這五通。中國與發達國家的競爭性有所提高，但合作性仍有待發掘。中國提出與美國建立新型大國關係，並倡導與歐洲國家共同開發第三方市場，就是避免零和博弈，實現中國夢與美國夢、歐洲夢的共贏。

其二，己欲立而立人。中國是發展中國家中的大國，中國夢能對廣大發展中國家產生強大的吸引力。中國要實現中國夢，也要幫助其他發展中國家實現脫貧致富、提升國際地位的共同夢想。為此，中國秉持真實親誠理念，倡導正確的義利觀，著力打造命運共同體，就是化中國夢為發展夢。所謂命運共同體，通俗地說，就是同甘共苦，最終追求共同的歸宿和身份。共同利益，只是同甘；共同安全，才是共苦。

其三，己欲達而達人。發展中國家和新興國家在中國外交中的地位越來越重要。因為隨著中國在全球產業鏈中從低端邁向高端，與發達國家的競爭性提高，而與發展中國家、新興國家的互補性增強——發展中國家承接中國產業轉移的後方市場，新興國家則承接中端市場，與發展中國家中的新興大國合作具有推動國際關係民主化、法治化方向發展的戰略意義。

新冠肺炎疫情暴發以來，中國在打好本國抗疫阻擊戰時，積極開展抗疫外交，體現了三重邏輯：立己達人，推動抗疫國際合作；既以為人己愈有，積極開展公共衛生援助；做好疫情公共外交，構建人類命運共同體。這也是社會主義中國倡導國際公平正義和國際擔當的體現。

社會主義從一種運動到一種制度，再到一種文明，是中國共產黨人對社會主義本質的又一認識昇華，既繼承、復興了 5000 年中華文明史，又揚棄和超越了近代 500 年資本主義文明的“創造性毀滅”。社會主義中國化，就是還原中國作為文明型國家的本質，是現代文明結合古老文明開創人類新文明的過程。社會主義中國化，是習近平新時代中國特色社會主義思想的偉大事業，是中國共產黨為人類政治文明進步作出的充滿中國智慧的貢獻。

篇二

空間維度：天涯咫尺

“太平世界，環球同此涼熱。”

正如動物最能感知地震，最能感受“環球同此涼熱”的，莫過於候鳥。很多鳥類具有沿緯度季節遷徙的特性：夏天的時候，這些鳥在緯度較高的溫帶地區繁殖；冬天的時候，則在緯度較低的熱帶地區過冬；夏末秋初的時候，這些鳥類由繁殖地往南遷徙到度冬地；而在春天的時候，又由度冬地北返回到繁殖地。這些隨著季節變化而南北遷徙的鳥類被稱為候鳥。

候鳥南飛，人類活動給候鳥讓路。這就是生態體系的命運共同體。

電影《流浪地球》熱播後，人們不禁要問：人類能否不等到地球流浪時才去建設人類命運共同體？

第四章

我們只有一個地球

人類是一個整體，地球是一個家園。面對共同挑戰，任何人任何國家都無法獨善其身，人類只有和衷共濟、和合共生這一條出路。

——習近平

2017 年 1 月 18 日，習近平主席在日內瓦萬國宮出席“共商共築人類命運共同體”高級別會議，並發表題為《共同構建人類命運共同體》的主旨演講。習近平主席指出，宇宙只有一個地球，人類共有一個家園。霍金先生提出關於“平行宇宙”的猜想，希望在地球之外找到第二個人類得以安身立命的星球。這個願望什麼時候才能實現還是個未知數。到目前為止，地球是人類唯一賴以生存的家園，珍愛和呵護地球是人類的唯一選擇。我們要為當代人著想，還要為子孫後代負責。

一、人類世

人類命運共同體思想喚醒了人們對人類世的記憶，呼喚超越人類中心主義。

2000 年，諾貝爾化學獎得主保羅·克魯岑和他的合作者提出，人類已不再處於全新世了，已經到了“人類世”（the Anthropocene）的新階段。也就是說，他們提出了一個與更新世、全新世並列的地質學新紀元——“人類世”。

人類世是指地球的最近代歷史，它並沒有準確的開始年份，可能是由 18 世紀末人類活動對氣候及生態系統造成全球性影響開始的。這個時段正好與詹姆斯·瓦特於 1784 年改良蒸汽機的時段相吻合。一些學者則將人類世拉到更早的時期，例如人類開始務農的時期。2010 年 6 月，澳大利亞國立大學著名微生物學教授、人類消滅天花病毒的功臣弗蘭克·芬納稱人類可能在 100 年內滅絕，人類世將終結。

人類活動已經對整個地球產生了深刻影響。然而，對於是否需要在全新世之後劃分出專門的人類世，人們還存在很大爭議，儘管地質學家們目前尚未有結論，但工業革命之後，人類對環境施加了大到足以改變地質情況的影響是不爭的事實。

早在 1873 年之前，人類就意識到了自身活動對環境的巨大影響。意大利地質學家安東尼奧·斯托帕尼將它稱為“人類世時代”，他的定義是“一個全新的地球力量，世界將被這種更偉大的能量主宰”。

1926 年，維爾納茨基也把人類日益增長的影響力稱為“進化發展的自然方向，對周圍環境有意識影響的效果越來越明顯”。韋爾茲基進而使用“人類圈”——世界的思想這個概念來說明人類大腦對未來和環境不斷增加的影響力。

在過去的 300 年中，世界人口數量增加了 10 倍，達到了 70 多億。預計到 21 世紀中葉，世界人口將達到 100 億。地球 30%—50% 的陸地資源已經被人類佔用。與此同時，人類飼養的家畜數量達到 14 億，牠們產生的甲烷也對熱帶雨林產生了破壞作用，從而導致二氧化碳的增加和物種滅絕的加速。人類對土地的耕種和開發利用也加速了對土壤的侵蝕，這比自然速率要快 15 倍。

同樣，水壩的修建和河流的改道非常普遍，人類對水資源的消費量比 100 年前增加了 9 倍。漁業已經捕殺了超過 25% 的淺海生物和 35% 的溫帶大陸架生物。此外，在 20 世紀，能源的消耗增加了 16 倍，導致每年有 1600 萬噸的二氧化硫排放到大氣之中——為自然排放量的兩倍多。與此同時，化石燃料的使用和農業活動導致"溫室"氣體顯著增加——二氧化碳增加了 30%、甲烷增加了 100%。這些現象在過去 40 萬年中都沒有過。目前的這些現象，還只是由 25% 的人口產生的，而隨著經濟活動的增多，環境還將進一步惡化。

由此看來，目前的後果可能非常嚴重：酸雨、煙霧和全球氣候變暖將加速危害地球生態環境。根據聯合國政府間氣候變化專門委員會（IPCC）最近的一項估算，21 世紀地球的溫度將升高 1.4℃—5.8℃，很多有毒物質被釋放到環境中，即便一些無毒的物質，對大自然也是有危害的，例如氟氯化碳導致南極臭氧層空洞。

事態還在不斷惡化之中。在 20 世紀 70 年代中期，我們已經開始研究臭氧層遭受破壞的問題。情況一年比一年惡化的臭氧空洞作為一個全球性問題，已不僅僅是南極洲"春天事件"。如果一直這麼發展下去，悲劇將不可避免。

除非有災難性的事件發生——例如流星撞擊地球、世界大戰或是瘟疫的流行——人類將在接下來的很長一段時間內都是影響環境的主要力量。因此，在這個人類世的時代，科學家和工程師的任務艱巨，他們將幫助我們解決問題，保持環境繼續穩定發展。這更需要我們所有人的努力，加強國與國之間的相互協調和利用大規模的生態工程項目來"優化"氣候。不過，至少目前來說，我們對大部分領域還一無所知。

二、全球能源互聯網計劃

人類世提醒我們改善與環境的關係。作為“環球同此涼熱”的另一個緊迫挑戰，是全球能源問題。

今天的中國基本實現了村村通電、戶戶通水。但世界上還有約 10 億人沒有用上電，其中非洲有五六億、印度有 3 億。巴基斯坦由於缺電，其最大的城市卡拉奇平均每年要熱死上千人！這難道是全球化、地球村的“環球同此涼熱”？佛說：點一盞燈，讓世界亮起來。“一帶一路”倡議，就是給世界點燈。

為何 21 世紀的人類仍然遭受能源短缺問題困擾？究其根源有三。

一是世界能源分佈極不均衡[①]。水能主要集中在中國西南、俄羅斯、東南亞等地區，風能主要集中在中國“三北”、蒙古國、中亞及俄羅斯北部沿海等地區，太陽能主要集中在西亞、中國青藏高原等地。

中國摸索出特高壓（UHV）輸電技術，將青海的光伏電經過兩千公里輸送到上海。這就是中國的超級工程。如今，通過新疆的 750 千伏特高壓聯絡變壓器網絡，將中亞地區的煤油變成電，再輸送到南亞。

二是缺乏技術，沒有實現工業化。尼泊爾位於喜馬拉雅山南麓，水資源極其豐富，但尼泊爾卻一直缺電。這不是捧著金飯碗討飯吃嗎？原來，尼泊爾缺乏水電站，豐富的水資源無法轉化為電能。20 世紀 90 年代中期，葛洲壩集團開始在此投資修建水電站，經過 20 餘年的努力，為尼泊爾修建了 3 座大型水電站，

① 參見《全球能源互聯網及各大洲能源互聯網規劃》，https://www.geidco.org.cn/gei/planning/。

基本解決了尼泊爾電力能源不能自給自足的問題。類似的情形也在撒哈拉以南的非洲和拉美出現過，撒哈拉以南的非洲日照充分而缺電，拉美水量充沛而缺電，中國能源企業過去投資後，讓有水的地方發水（水電）、有光的地方發光（光伏）、有風的地方發風（風能），以最環保的方式幫這些地方徹底解決了能源短缺問題。

三是能源使用效率很低。電能的輸出端和使用端常常存在錯配，由於重啟發電設備成本高昂，發電廠基本都是無休運轉。電能的使用跟交通一樣存在高峰和低谷，經常會遇到高峰時缺電、低谷時發電量過剩的情況，加之現在的儲能技術還不成熟，整體來說存在大量資源分配不均和效率低下的問題。中國利用多年來在國內建設電網的豐富經驗幫助各國解決電能使用效率低的問題，比如國家電網援建塞爾維亞的電網和華為公司在突尼斯安裝的智能電網，都在很大程度上提高了對方能源的使用效率。

中國不只是憑良心——己所不欲勿施於人，更憑實力——中國最複雜的生態環境、最密集的人口分佈、超強的運用能力，練就了世界上最具競爭力的綠色低碳技術和可持續發展模式，彰顯了類似中醫統籌協調、標本兼治的智慧。這就是習近平主席2015年在聯合國總部提出的全球能源互聯網（GEI）計劃：通過"智能電網+特高壓電網+清潔能源"三位一體，實現全球能源互通有無，徹底解決人類能源短缺和轉型問題，實現"既要馬兒跑，馬兒又不吃草"——既要發電，又要減少碳排放的願景。

中國能做到這一點，原因在於體制上的統籌協調、文化上的標本兼治，所以能綜合施策，實現"西電東送、北電南供、水火互濟、風光互補、跨國互聯"的電力發展格局。

全球能源互聯網發展合作組織辦公室就設在北京，可以說是能源領域人類命運共同體的倡導者、踐行者。

共建“一帶一路”，就是共享現代化經驗的過程，避免其他發展中國家走老路、彎路。中國的市場化能力超強，西方的先進技術、高標準全球化，只有通過中國這個轉換器，才能更好地適應各國國情，才能更好地完成市場化。

構建全球能源互聯網，總體分為國內互聯、洲內互聯、洲際互聯三個階段，力爭在 21 世紀中葉基本建成。屆時，全球清潔能源比重可提高到 80% 以上；全球二氧化碳排放可控制在 115 億噸左右，僅為 1990 年排放量的一半，可實現全球溫控在 2℃以內的目標；逐步形成電能主導、清潔發展的能源格局。屆時，世界將成為一個能源充足、天藍地綠、亮亮堂堂、和平和諧的“地球村”。

三、未來地球計劃

中國有句古話：“授人以魚，不如授人以漁。”英語裏也有類似的話：When you give a man a fish, you feed him for a day; but when you teach him to fish, you feed him for a lifetime（授人以魚，三餐之需；授人以漁，終生之用）。可見中西方思維的相通性。現在的問題是，大家都會釣魚，可是無魚可釣了！

因此，東西方、南北方都面臨著人類的可持續發展問題。

如今，可持續發展的內涵已從生產力拓展到器物、制度、精神三方面：器物層面，資源與環境可持續；制度層面，國際、國內制度的可持續；精神層面，生產—生活理念的可持續、代際可持續。一句話，可持續發展、可持續生活、可持續思維的三位一體，是可持續發展觀的時代內涵。

換個角度講，可持續發展就是包容，努力實現先發與後發平等、大小國家平等、代際平等，改變西方不包容他者、不包容代際的現狀，規範好理性及其限度、科學及其限度，把握好發展與消費、意願與能力的平衡。

中國通過實現自身的可持續發展，為人類的可持續發展提供了"中國模式"。這是當今中國最大的國際話語權。新時代的文化自覺與文化自信，就在於以中華文明永續發展理念豐富人類可持續發展觀——實現人類文明的永續發展，從理論上闡明中國發展道路（中國模式）是人類文明史上的偉大創舉和中國對世界的歷史性貢獻，探討中國應對可持續發展挑戰的經驗與其他國家有無相通之處，從而證明可持續發展是人類的共同價值，繼而開創人類永續發展的文明新範式。

在此過程中，歐洲是中國的重要合作夥伴。中歐兩大文明攜手開創新人本主義，是共同發掘人類共同價值的希望所在。

1992 年 5 月 9 日，聯合國大會通過《聯合國氣候變化框架公約》，同年 6 月在巴西里約熱內盧召開聯合國環境與發展會議期間開放簽署。公約建立了長效機制，為應對未來數十年的氣候變化設定了減排進程。截至 2016 年 6 月，加入該公約的締約國共有 197 個。

僅僅是為了應對全球氣候變化已不能滿足人類可持續發展的目標，為了給全球可持續發展目標提供必要的理論知識、研究手段和方法，由國際科學理事會（ICSU）和國際社會科學理事會（ISSC）發起，聯合國教科文組織（UNESCO）、聯合國環境規劃署（UNEP）、聯合國大學（UNU）、Belmont Forum 和國際全球變化研究資助機構（IGFA）等組織共同牽頭，組建了為期十年的大型科學計劃"未來地球計劃（Future Earth）"（2014—

2023）。

該計劃通過分析全球氣候危機的惡化趨勢，提出應創新國際合作機制，將區域經濟發展帶打造為“低碳排放發展帶”，通過學者、政府、企業、資助機構、用戶等利益攸關者協同設計、共同實施、共享科研成果和解決方案（co-design, co-produce and co-deliver），增強全球可持續性發展的能力，應對全球環境變化帶來的挑戰。

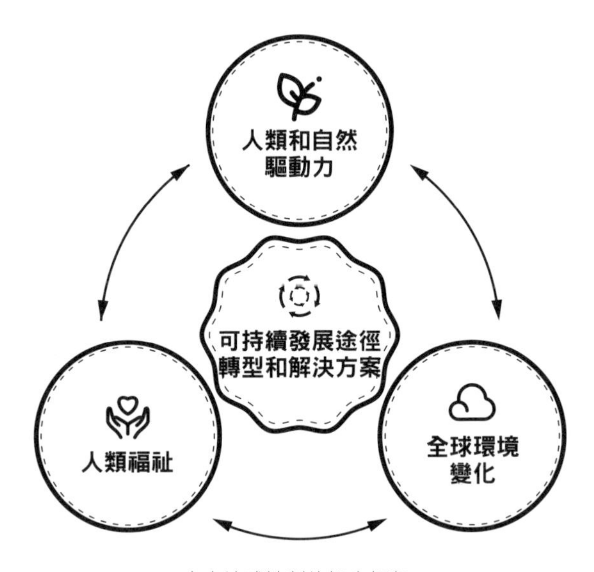

未來地球計劃的概念框架

“未來地球計劃”超越了從歷史責任談氣候變化的視角，轉而從未來倒推到現在應該怎麼發展，體現了“從後天看明天，而不是從昨天看明天”的思維方式，也是人類命運共同體為人類文明可持續發展所開創的未來擔當。

第五章

我們共享一個月亮

今天，互聯網、大數據、雲計算、量子衛星、人工智能迅猛發展，人類生活的關聯前所未有，同時人類面臨的全球性問題數量之多、規模之大、程度之深也前所未有。世界各國人民前途命運越來越緊密地聯繫在一起。

——習近平

外國的月亮比中國的圓？

中國的月亮比外國的圓？

外國的月亮也有陰晴圓缺。

中國的月亮也有陰晴圓缺。

中國、外國其實共享一個月亮！

一、外國的月亮並不比中國的圓

人們的意識往往滯後於時代變遷。由於我們的知識結構、價值取向受到近代此消彼長的中西權力轉移的太多影響，以至於不能自信地對待西方、自覺地面對自己。我們仍然缺乏文明自覺與文明自信。

“近代西學第一人”嚴復在其名篇《論世變之亟》一文裏首創了極化處理的文明二分法，開創了中西對比的先河，給國人以深重的影響：

中國最重三綱，而西人首明平等；中國親親，而西人尚賢；中國以孝治天下，而西人以公治天下；中國尊主，而西人隆民；中國貴一道而同風，而西人喜黨居而州處；中國多忌諱，而西人眾譏評。其於財用也，中國重節流，而西人重開源；中國追淳樸，而西人求歡虞。其接物也，中國美謙屈，而西人務發舒；中國尚節文，而西人樂簡易。其於為學也，中國誇多識，而西人尊新知。其於禍災也，中國委天數，而西人持人力。①

在積貧積弱、救亡圖存的年代，對西方文明的仰視、對自身文明恨鐵不成鋼的反省，最自然不過。但可悲的是，經歷自維新變法到如今一個多世紀的滌蕩後，一些人仍然缺乏民族自信與精神自覺。其結果，正如魯迅先生所言，在他們的頭腦成為西方各種政治思潮、主義的跑馬場後，對西方文明的基因、中華原生文明，迄今仍缺乏清醒的梳理。不少人把手段當作目的，把經濟規律當作政治、文化規律，形成對西方思維與價值的嚴重路徑依賴，以至於把改革開放當作目的而非手段，似乎西方模式就是"彼岸"。另一些人則自覺與西方劃清界限，在復古和馬克思主義中國化間徘徊。馬克思主義中國化，或中國特色社會主義，通過與西方價值觀的淵源比較，被證實並非"另類"，而是包容、吸收一切人類文明的成果，尤其是西方的文明成果；而堅持復興古代價值觀和天下體系的人們，則試圖與西方價值觀進行涇渭分明的區分和切割。

中國的和平發展道路，其實是兼收並蓄的過程，呈現出自身特色，要進入自我、本我層次，將越來越呈現出其世界意義。因

①〔清〕嚴復：《論世變之亟》，載《嚴復文選》，百花文藝出版社 2006 年版，第 3 頁。

此，不應以古代或西方為參照系。堅持走中國特色社會主義道路又包容西方，是塑造中國全新國家身份，樹立真正的中國觀、世界觀的過程。自覺地對待自己，自信地對待西方，這就是我們講的文化自覺與文化自信。

縱觀人類文明發展史，大國之興衰，洲際權力之轉移，往往是文明轉型的產物。公元 1500 年以來，西方創造先進文明的優勢日漸減少。文明的活水跨越大西洋流入北美大陸後，又通過太平洋喚醒了亞洲大陸的原生文明。才剛剛過去 500 年，世界權力重心便逐漸向東方轉移，這讓西方世界陷入了驚恐、迷惑、不解和不甘之中。

美國歷史學家斯塔夫里阿諾斯在《全球通史：1500 年以後的世界》一書中指出："歐洲的成功是歐洲衰落的潛在原因。"① 這就是說，歐洲的三大革命——工業、科學和政治革命在世界的傳播，使歐洲失去了作為世界統治力量的地位。

在《文明》一書的作者尼爾·弗格森看來，與所有偉大的文明一樣，西方文明也具有兩面性：有崇高的一面，也有卑鄙的一面。如今西方步入衰敗，最主要的原因在於沒能有效延續、弘揚其曾經主導世界的六個撒手鐧：②

1. 競爭。歐洲的政治處於割據分裂的局面，在每個君主制國家或共和制國家內，都存在著多個相互競爭的集團。

2. 科學革命。17 世紀，數學、天文學、物理學、化學和生物學的所有重大突破均發生在西歐。

3. 法治和代議制政府。這一優越的社會政治秩序出現於英語

① 〔美〕斯塔夫里阿諾斯：《全球通史：1500 年以後的世界》，吳象嬰、梁赤民譯，上海社會科學院出版社 1999 年版，第 881 頁。

② 〔英〕尼爾·弗格森：《文明》，曾賢明、唐穎華譯，中信出版社 2012 年版，英文版前言。

國家，它以私有財產權以及由選舉產生的代表財產所有者的立法機構為基礎。

4. 現代醫學。19 世紀和 20 世紀醫療保健的所有重大突破都發生在西歐和北美，其中包括對熱帶疾病的控制。

5. 消費社會。隨著工業革命的興起，以棉紡織品為開端，湧現出大量提高生產力的先進技術，同時對物美價廉的商品的需求也為之擴大。

6. 工作倫理。西方人最早將廣泛而密集的勞動和高的儲蓄率結合在一起，從而促進了資本的持續積累。

尼爾·弗格森認為，這些曾經讓西方傲視群雄的秘訣卻被別的地區學習掌握並據為己有，所以才發生了江湖地位的轉換。

這兩位歷史學家的邏輯當然是“西學為體，西學為用”，在“西方中心論”中兜圈了。他們認為新興國家的崛起乃是學習、模仿西方文明訣竅的結果。其實，新興國家不只是西方文明的學徒，其崛起的根本原因在於找到了符合自身國情的發展道路，並在此過程中修正西方模式，對人類發展模式作出自己的貢獻。更重要的是，他們忽略了一個不爭的事實：西方文明固然創造了極其豐厚的精神遺產，然而也暴露了諸多先天不足。

如此，“西方中心論”已是風雨飄零，其實難再。在人類文明轉型新時代——海洋商業文明向海洋工業文明轉型、海洋文明向大陸文明反哺，並共同催生以可持續發展為要旨的人類新型文明——東西方“文明的代差”日漸消失，東方文明從大陸復興並走向海洋，全面挑戰了“西方中心論”。

更要緊的是，“西方中心論”從文明起源上其實只是一種幻象。美國康奈爾大學教授馬丁·貝爾納的《黑色雅典娜：古典文明的亞非之根》一書就指出，在作為西方文明源頭的希臘文明形成期間，非洲文明尤其是埃及文明是其重要源頭，言必稱希臘的西方文明發展史，實際上是近代以來歐洲學者杜撰出來的“歐洲中心論”神話。[①] 英國學者約翰·霍布森在《西方文明的東方起源》一書中，更進一步揭示了“東方化的西方”，即“落後的西方”是如何通過“先發地區”的東方，主要是通過伊斯蘭世界傳播到西方的中華文明，一步步塑造領導世界能力的。[②] 更早的歐洲學者，如英國的培根，清晰地描繪了中國古代“四大發明”傳到歐洲是如何幫助歐洲文藝復興和啟蒙運動的。

中國有個典故：坐井觀天。印度也有個典故：盲人摸象。兩者講的都是空間上的錯覺，但我們往往忽視了另外一種錯覺：時間上的錯覺。

歷史總是在貌似循環的邏輯中捉弄人。從啟蒙運動時期的“東學西漸”到鴉片戰爭以來的“西學東漸”，東西方文明似乎經歷了此消彼長的態勢轉移。“歐風美雨”見證了海洋文明的興衰，給走向海洋的中國以警示。如果故步自封，不與時俱進，任何文明都必然走向衰落，這是人類文明史發展的鐵律。情形正如達爾文所言，不是最強壯的或最聰明的，而是最能適應改變的才最終得以生存。而歐債危機顯示的歐盟的制度創新，不足以挽救歐洲文明衰落的命運。歐洲的麻煩，是不善於學習，是教師爺姿態的故步自封。美國就更不用說了。

這是一個嶄新的時代，資源日益稀缺，人類競爭日益摒棄零和遊戲。一個國家或民族若懷抱“世界圍繞我轉”的心態，不善於揚棄自己、無法走出歷史記憶，就將承擔歷史大轉折的代價。

---

①〔美〕馬丁·貝爾納：《黑色雅典娜：古典文明的亞非之根》，郝田虎、程英譯，吉林出版集團有限責任公司 2011 年版，第 1—29 頁。

②〔英〕約翰·霍布森：《西方文明的東方起源》，孫建黨譯，山東畫報出版社 2009 年版，第 7—23 頁。

二、南方國家的月亮也很圓

非洲面積約 3000 萬平方公里，是世界第二大陸，也是人類文明的發源地之一。從地中海到好望角，這片廣袤無垠的土地上遍佈獨特的自然景觀和人文風情，“非”常之美讓來自世界各地的人們流連忘返。

遺憾的是，人們對非洲的印象是將自然與人文分開的：認可非洲自然美而認定非洲髒亂差。偏見源於缺乏了解。其實，非洲人性格開朗，積極樂觀，樂於分享。同時，非洲也為人類儲存了大量礦產資源。

非洲之美，不只是大自然美，人更美。非洲是人類進化史上從古猿到森林古猿、拉瑪古猿、“完全形成的人”（能人、直立人、智人），直到現代人都存在過的大陸。人類學家在非洲發現了最早的“完全形成的人”的化石。這一發現使包括進化論奠基人達爾文在內的人類學家得出了非洲是人類誕生地的猜想。非洲人淳樸善良，對中國尤其如此。用毛澤東的話說，當年，就是“非洲兄弟把我們抬進聯合國的”。近二十年來，中國外長也保留了新年首次出訪都是到非洲的傳統，新冠肺炎疫情下仍然如此。非洲有很多著名的科學家、藝術家，他們為人類文明作出了重要貢獻，對世界的影響不容小視。非洲還有多位諾貝爾文學獎獲得者，如尼日利亞的沃萊·索因卡、埃及的納吉布·馬赫福茲、南非的內丁·戈迪默和約翰·馬克斯韋爾·庫切，非洲文學已經成為世界文學中不可忽視的力量。

非洲之美，不只是自然之美、非洲人之美，還在於非洲精神之美。除了南部非洲的烏班圖，東非國家的斯瓦西里文化也有諸多可資借鑒的優點。“Mtu（人的單數）ni（是）watu（人的複

MAPPING AFRICA'S MINERAL WEALTH: SELECTED COUNTRIES AND COMMODITIES

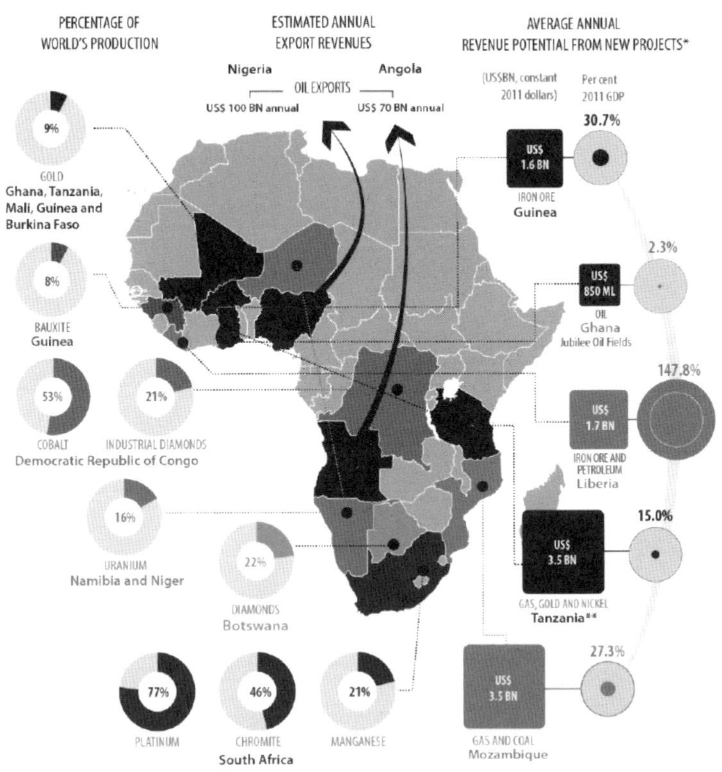

Sources:
Raw Materials Data, IntierraRMG, 2013
World Bank, Africa Pulse October 2012, Volume 6
IMF, Fiscal Regimes for Extractive Industries: Design and Implementation, 2012
U.S. Geological Survey, Mineral commodity summaries 2013
*Estimates are intended to show order of magnitude. Revenue projections are highly sensitive to assumptions about prices, phasing of production, and underlying production and capital costs
**Data represents annual revenue at peak production

AFRICA PROGRESS PANEL
www.africaprogresspanel.org

數）”，跟英文“no one is an island”（沒有人是座孤島）意思差不多，是斯瓦西里語“命運與共”的意思。早在西方殖民主義打亂非洲社會發展的步伐以前，非洲部族社會就已經有了初級的民主意識。“意見一致”和“大樹下的民主”作為撒哈拉以南非洲各個部落共有的文化傳統，在如今的非洲政治生活中仍有著舉足輕重的影響力。由非洲民主的根源追溯非洲各國的傳統政治文化，可以看到，民主理念和公民社會在非洲具有相當廣泛的基礎。比如，非洲人大多數有“大樹下的民主”的公共議事傳統，博茨瓦納至今仍然保留了習慣上的公共批評的傳統，這使人們很容易形成現代民主參與政治的習慣。再如，烏幹達等國家保留了氏族大家庭的傳統，這種社會結構也很容易變成現代政治結構中的壓力集團，起到約束和批判現政府的作用。而就民主政治文化而言，“大樹下的民主”受到了學者的公認。①

非洲是世界上最後一個實現政治獨立的大洲。至 2000 年底，非洲共有 59 個國家和地區。其中，馬德拉群島和亞速爾群島為葡萄牙的直屬領地，加那利群島為西班牙的直屬領地，留尼汪為法國的海外省，聖赫勒拿為英國直屬殖民地，西撒哈拉地位未定，其餘 53 個為獨立國。1884 年 11 月至 1885 年 2 月，英國、法國、德國、比利時、葡萄牙、意大利等 15 個國家在柏林召開會議，以協議的形式對非洲進行了瓜分。1963 年 5 月，31 個獨立的非洲國家領導人齊聚亞的斯亞貝巴，舉行了盛況空前的非洲獨立國家首腦會議，會議部署了非洲統一組織憲章，宣告非洲統一組織成立。如今獨立而團結的非洲在聯合國佔有 1/4 以上的席位，在世界政治舞台上發揮著越來越重要的作用。非洲人民

① 張宏明：《多維視野中的非洲政治發展》，社會科學文獻出版社 2007 年版。

用生命捍衛自由，在長期與西方殖民主義和帝國主義進行鬥爭的過程中，同亞洲、拉丁美洲人民組成第三世界力量，使世界形勢發生了巨大變化。

近代以來，中國睜眼看世界，看的其實是西方發達世界；“一帶一路”倡議的提出，讓中國人睜眼看整個世界。非洲值得我們學習借鑒的地方不少。第一，非洲人民在保護野生動物和非洲曠野的繁衍生息中發揮了巨大作用，挽救了許多瀕危物種和土地。2012 年，非洲發起“沒有買賣就沒有殺害”運動，致力於減少人們對野生動物製品的消費需求。當前，這項運動已經擴展到世界各地，得到了各國的積極響應。第二，非洲人的家庭觀念與社群觀念（sense of community）十分強烈，而這恰好是當代很多中國人正在逐漸丟失的。第三，在非洲國家，女性通常可以享有更多權利，這一點也值得中國學習。第四，中國在處理邊界問題的方法與技巧上都可向非洲學習。

在世界上，以國家命名的學問不多，非洲就有兩個：埃塞學、埃及學。非洲自由貿易區的建成，非洲充滿活力的人口，都一再說明非洲是古老而年輕的大陸，也是充滿希望的大洲。

習近平在慶祝中國共產黨成立 100 週年大會上的講話中指出：“我們積極學習借鑒人類文明的一切有益成果，歡迎一切有益的建議和善意的批評，但我們絕不接受‘教師爺’般頤指氣使的說教！”“中國共產黨將繼續同一切愛好和平的國家和人民一道，弘揚和平、發展、公平、正義、民主、自由的全人類共同價值，堅持合作、不搞對抗，堅持開放、不搞封閉，堅持互利共贏、不搞零和博弈，反對霸權主義和強權政治，推動歷史車輪向著光明的目標前進！”非洲是中國構建人類命運共同體志同道合的好夥伴。

作為發展中國家最集中的非洲大陸如此，其他南方國家更是這樣。只要我們的視野足夠廣，我們的心胸足夠寬，就一定會得出結論：南方國家的月亮也很圓。

學貫東西，是對近代文人的最高評價，很少涉及南北學問。今天，中國睜眼看整個世界，發現南方國家月亮也很圓。這就是我們的文化自信與文化自覺。

阿拉伯先知穆罕默德曾經說過：“學問雖遠在中國，亦當求之。”今天，這句話也可改為“學問雖遠在南方，亦當求之”。“一帶一路”倡議的提出，為我們睜眼看整個世界，樹立真正的世界觀、全球觀，打造學貫東西南北的大學問、真學問指明了方向。

長期以來，囿於傳統天下觀和近代線性進化邏輯，我們對南方國家的歷史文化、風土人情知之甚少，還充滿偏見。如果對非洲有誤解，那是因為缺乏愛，是因為沒有用人類命運共同體的眼光去看非洲！

靈感來自人類文明，激情來自五湖四海。“全球南方”（Global South）的興起，以金磚智庫合作為先導，不僅催化了南方國家的學問自信，更描繪了南北互鑒，在再造南方的過程中再造北方、再造世界學問的前景。

傳統中國學，聚焦於中國歷史、文化、政治等傳統發展層面，著眼於“何以為中國”、“中國何以能”等世界的中國關切，也是中國的自我認知，中共學為此成為中國學的熱點。然而，這只是國別版的中國學，也就是梁啟超所謂“中國的中國”。那麼他講的“亞洲的中國”、“世界的中國”呢？中國是一種文明而不只是一個國家，在新時代最能體現其文明內涵的是習近平主席提出的“一帶一路”倡議及其背後的人類命運共同體理念，真正實現“源於中國而屬於世界”、“源於歷史而屬於未來”的邏輯，體現“亞洲的中國”、“世界的中國”和“未來中國”。“一帶一路”融通中國與世界，人類命運共同體為全球化、全球治理鑄魂。打造“一帶一路”學——新時代的中國學（中國學 2.0）——全球中國、全球學，構建人類命運共同體學，時不我待。

學問做於人生中，人生成於學問裏，知行合一。“一帶一路”國際合作是偉大的事業，構建人類命運共同體是知行合一的學問。學問就是人生，知識重要，行動更重要，只有知與行合在一起，才能成就我們的事業。

人類命運共同體理念的提出，還原了一個樸素的真相——南方國家的月亮也很圓。在人類命運共同體理念指導下的資政啟民、格物致知的學者要牢記：仰望星空與扎根大地、家國情懷與人本立場、經國濟世與桑梓鄉愁、江山萬里與一葉知秋。

傳統西學有三大學問：一是關於西方的古典學——一切學問都是對柏拉圖的闡釋；二是關於東方的東方學：埃及學、亞述學、波斯學、漢學；三是關於人類文明的人類學——未開化世界。一句話，西學是關於“我者—他者”的學問，後兩者都是“他者”，尤其是人類學具有文明歧視性。人類命運共同體學超越人類中心論，也超越天下主義，融通古今中外、東西南北學問，開啟文明對話新時代，引領人類文明從交流、對話到共塑的飛躍。

三、我們共享一個月亮

人類命運共同體理念的提出，標誌著中國徹底告別了近代以來中西體用、趕超西方的思維邏輯，不再糾纏於哪個外國的月亮比中國的圓——其實我們共享一個月亮，這就是構建人類命運共同體。這就一下子把國際話語體系從近代幾百年拉長到兩千多年前，解構了西方中心論；人類命運共同體理念超越普世價值，倡導人類共同價值，旨在建設持久和平、普遍安全、共同繁榮、開放包容、清潔美麗的世界。真乃大道之行也，天下為公。

世界正從傳統媒體、產業和全球化走向新媒體、新產業和新全球化。近代以歐美百萬、千萬、億級人口實現工業化為經驗的西方話語體系遭遇當今新興國家幾十億級人口希望實現工業化的巨大挑戰，普世價值的邊界不斷被厘清，這提醒發展中國家要從觀念、理念上走出近代、告別西方，尋找 21 世紀更具通約性、時代性和包容性的話語體系。中國擁有帶領 14 億人口實現工業化的獨一無二的經驗，這為發展中國家實現軟實力的"彎道超車"提供了歷史性機遇。

彎道是每個車手都必須面對的。相對於直道而言，彎道上困難多。過彎道時，原來領先的車手可能因彎道而落後，落後的車手可能因彎道而領先。這一用語已被賦予別的內涵，"彎道"往往被理解為社會進程中的某些變化或人生道路上的一些關鍵點。這種特殊階段充滿了各種變化的因素，極富風險和挑戰，充滿了超越對手、超越自我的種種機遇。由於基礎薄弱，發展中國家在基礎設施、產業體系和話語權等領域全方位落後於發達國家，但"禍兮福之所倚，福兮禍之所伏"，辯證來看，越落後的國家意味著趕超的空間越大（中國就是活生生的例子），就看能不能抓住彎道超車的歷史機遇。

為避免體系、發展模式乃至思維方式上依附於發達國家，發展中國家應抓住產業結構調整和信息革命的機遇，勇敢地實現彎道超車、變道超車。其中，尤其要抓住中國經濟由高速增長到中高速增長換擋期所帶來的經濟發展轉型再平衡的機遇。構建人類命運共同體和"一帶一路"國際合作是發展中國家超車的絕佳機遇。

在美歐國家，物流成本佔 GDP 的比率為 6%—8%，而亞洲大多數國家的這一比率達到 20%。這樣帶來的結果是亞洲國家的產品和產業競爭力很難上去。歐亞非互聯互通，就是為了降低物流成本，提升亞非國家的比較競爭力。特別是中東地區，不僅自古是絲綢之路樞紐，今天也是歐亞非連接的紐帶和"一帶一路"建設的重點地區，通過中國—中亞—西亞經濟走廊、中巴經濟走廊，中國與中東地區更緊密地聯繫在一起。"一帶一路"國際合作在中東地區將加強能源基礎設施互聯互通合作，共同維護輸油、輸氣管道等運輸通道安全，推進跨境電力與輸電通道建設作為重要任務。4/5 國土在非洲，另外 1/5 國土在亞洲的埃及，更是憑藉蘇伊士運河的天然優勢，一舉成為亞非大陸連接的橋樑、陸海絲綢之路的節點，絕佳的地理位置使之具備了彎道超車的條件。埃及通過"一帶一路"國際合作抓住了這個歷史機遇——正如中國高鐵抓住鐵路轉型升級的機遇實現了對發達國家的超越並領先世界一樣。蘇伊士運河改造完成後，中埃蘇伊士運河開發區的產業將利用後發優勢，解除發達國家長期先發優勢造成的不合理分工體系對埃及的束縛。作為中東地區領袖之一的埃及，自然也引領著中阿"一帶一路"的合作。在共建"一帶一路"的框架下，中國、中東國家對接雙方發展戰略，向轉型升級傾注動力，同時加快中國—海灣合作委員會自貿區談判進程和重點工業園區建設，做強油氣領域和基礎設施領域合作。

此外，隨著大數據、雲計算、5G、區塊鏈等新興技術的發展，人類進入了萬物互聯的信息社會。但令人憂慮的是，新興行業也跟傳統行業一樣，由於沒有實現互聯互通而憑空多出了許多壁壘，意味著新興行業也需要打通隔閡，實現信息的互聯互通，打造一條網上的絲綢之路。

互聯互通，需要“設施聯通”，更需要“信息暢通”。目前“一帶一路”沿線 65 個國家的固網寬帶平均速率普遍在 10Mbps—20Mbps，移動寬帶平均速率普遍在 3Mbps—8Mbps，信息互通不暢，價格昂貴。如何構建一條暢通的“信息絲綢之路”，助力“一帶一路”沿線國家的經濟騰飛，成為各行業迫切關注的重點問題。[①]

為了解決信息不暢問題，中國於 2016 年 7 月 27 日發佈了《國家信息化發展戰略綱要》，綱要明確指出要推進“一帶一路”建設信息化發展，統籌規劃海底光纜和跨境陸地光纜建設，提高國際互聯互通水平，打造網上絲綢之路。加快推動與周邊國家信息基礎設施互聯互通，打通經中亞到西亞、經南亞到印度洋、經俄羅斯到中東歐國家等陸上通道，積極推進美洲、歐洲、非洲等方向海底光纜建設。合作建設中國—中亞信息平台、中國—東盟信息港、中阿網上絲綢之路。

信息網絡暢通之後，能夠跟線下貿易網進行兼具深度和廣度的立體性整合，形成線上線下一體化的超級貿易網絡。以阿里巴巴公司所倡導的 e-WTP（電子世界貿易平台）為例，發展中國家在新一輪全球化佈局中將不再是規則的接受者，而是規則的制定者，發展中國家可以參與制定新的國際貿易、投資規則，通過合作共贏實現彎道超車，創造融合網絡電子商務的新貿易規則。

“‘一帶一路’熱”是世界“中國熱”的寫照，折射出世界

① 史立榮：《M-ICT：信息絲綢之路暢通正當時》，第二屆世界互聯網大會，烏鎮，2015 年 12 月 16 日。

渴望分享中國機遇、中國模式與中國方案的心情。對此，中國將繼續推動歷史和文化的傳承與復興，幫助各國解決面臨的發展難題。同時，中國提出的“一帶一路”倡議，有助於實現聯合國 2015 年後發展議程（17 個可持續發展目標和 169 個具體目標）。

中國國家電網特有的長距離、特高壓輸電網技術，能將電力成本壓到最低，可幫助解決世界“缺電”的問題，推動人類共同現代化。再比如，北斗導航系統 2020 年實現全球組網，有助於發展中國家開展遠程教育，掃除文盲，實現脫貧致富。而即將全面開通的 5G 通信網絡，是發展高端製造業的必要條件，誰先抓住了 5G，誰就抓住了工業化創新的先機。

無論是電網、5G、北斗還是大數據，都能成為發展中國家實現彎道超車的有力工具。中國的數據優勢在於我們不僅有海量的網民和互聯網信息企業，還有省、市、縣各級政府已經建立的“數據中心”，各部門、各單位的“專業數據庫”，以及教、科、文等領域的專門“數字圖書館”。知識就是力量，數據就是財富，在已有海量、天量基礎數據的基礎上，打通壁壘並促進各種專業知識服務系統、知識中心和智能城市的建設，就可以將大知識和大數據進行深度挖掘，提煉其中的價值。以此類推，如果在“一帶一路”共建“數字驛站”，將陸上與海上信息系統化、規模化、智能化，信息互聯互通的歐亞非大陸將真正實現共享一個月亮。

第六章

我們共建“一帶一路”

我提出“一帶一路”倡議，就是要實踐人類命運共同體理念。

——習近平

當今世界，雖然已進入21世紀，但仍然遭受著保護主義、民粹主義、恐怖主義、極端主義思潮的煎熬；古絲綢之路沿線地區曾經是“流淌著牛奶與蜂蜜的地方”，如今很多地方卻成了衝突動盪和危機挑戰的代名詞。世界怎麼啦？我們怎麼辦？

傳統中國文化儒道佛並存，儒家強調“和而不同”，道家強調“陰陽和諧”，佛家強調“眾緣和合”，一句話：“和合。”習近平主席指出，“一帶一路”建設要以文明交流超越文明隔閡、文明互鑒超越文明衝突、文明共存超越文明優越，推動各國相互理解、相互尊重、相互信任。

當今世界之痛，源於“不通”，根子在“分”。人類命運共同體實現“和”，“一帶一路”實現“合”，因此成為中國的兩大核心倡議，成為回答時代之問的中國方案、中國智慧。

人類命運共同體與“一帶一路”是習近平新時代中國特色社會主義思想最具有代表性的國際價值理念與合作倡議，兩者虛實結合、相輔相成的關係體現了中國建設的重要經驗——目標驅動、問題導向以及傳統和合文化，展示了解決和平、發展、治理等人類問題的中國智慧、中國方案。

和——人類命運共同體（目標驅動）。

合——“一帶一路”（問題導向）。

共建“一帶一路”倡議正成為構建人類命運共同體的重要實踐平台。在第二屆“一帶一路”國際合作高峰論壇開幕式上的主旨演講中，習近平主席指出，共建“一帶一路”倡議，目的是聚焦互聯互通，深化務實合作，攜手應對人類面臨的各種風險挑戰，實現互利共贏、共同發展……從亞歐大陸到非洲、美洲、大洋洲，共建“一帶一路”為世界經濟增長開闢了新空間，為國際貿易和投資搭建了新平台，為完善全球經濟治理拓展了新實踐，為增進各國民生福祉作出了新貢獻，成為共同的機遇之路、繁榮之路。事實證明，共建“一帶一路”不僅為世界各國發展提供了新機遇，也為中國開放發展開闢了新天地。面對新冠肺炎疫情大流行，習近平主席強調把“一帶一路”打造成團結應對挑戰的合作之路、維護人民健康安全的健康之路、促進經濟社會恢復的復甦之路、釋放發展潛力的增長之路。

“一帶一路”正在解決當今世界四大赤字——“和平赤字”、“發展赤字”、“治理赤字”、“信任赤字”，在解決問題的過程中推動構建人類命運共同體。

1. 和平赤字。盜賊出於貧窮——當今世界的“和平赤字”，一方面是歷史遺留，另一方面由不公正、不合理的國際秩序所帶來。“一帶一路”聚焦發展不充分、不均衡、不包容等根本性問題，以發展求安全，以安全促發展，推動經濟全球化朝開放、包容、普惠、平衡、共贏方向發展，實現國家、地區和全球層面的長治久安。

2. 發展赤字。世界銀行發佈《“一帶一路”經濟學》研究報告指出，“一帶一路”框架下的交通走廊項目有望幫助全球 760

萬人擺脫極端貧困、3200 萬人擺脫中度貧困。[①] 除了脫貧外，"一帶一路"建設還是縮小貧富差距的有效藥方，幫助內陸國家和地區尋找海洋，融入全球分工；通過聚焦基礎設施和互聯互通，再現中國經驗——要致富，先修路。

3. 治理赤字。當今世界，碎片化的治理格局困擾國際社會。正如全球能源互聯網計劃以"智能電網 + 特高壓 + 清潔能源"三位一體徹底解決人類能源短缺問題，同時實現碳排放減少所顯示的，"一帶一路"倡議主張標本兼治，統籌協調，推動廣大發展中國家參與全球治理，對接已有的國際治理機制，實現從起點、過程到結果的公平正義。

4. 信任赤字。"堅持公正合理，破解治理赤字"、"堅持互商互諒，破解信任赤字"、"堅持同舟共濟，破解和平赤字"、"堅持互利共贏，破解發展赤字"。2019 年 3 月，習近平主席在巴黎出席中法全球治理論壇閉幕式，並發表題為《為建設更加美好的地球家園貢獻智慧和力量》的重要講話，為全球治理提供中國方案。"信任是國際關係中最好的黏合劑"，要把互尊互信挺在前頭，把對話協商利用起來，堅持求同存異、聚同化異，通過坦誠深入的對話溝通，增進戰略互信，減少相互猜疑。

"一帶一路"倡議被寫進《中國共產黨章程》，人類命運共同體理念被寫進《中國共產黨章程》和《中華人民共和國憲法》，成為新時代解決人類問題的代表性中國方案、中國智慧，展示了中國共產黨人的世界初心。

"一帶一路"倡議是實現人類命運共同體之道，首先在於超越世界之分，倡導和合文化，其次在於告別近代，走出西方。其

① Belt and Road Economics: Opportunities and Risks of Transport corridors. https://openknowledge.worldbank.org/handle/10986/31878.

中有三個維度的內涵：

——命運自主。走符合自身國情發展道路。人類命運共同體的核心要旨是，“世界命運應該由各國共同掌握，國際規則應該由各國共同書寫，全球事務應該由各國共同治理，發展成果應該由各國共同分享”①。“一帶一路”倡議助推各國走符合自身國情的發展道路，實現自主發展，將命運掌握在自己手中。

——命運與共。互聯互通、共同繁榮。習近平主席在第一屆“一帶一路”國際合作高峰論壇圓桌峰會上的開幕辭（2017 年 5 月 15 日）中指出，“一帶一路”建設的核心內容是促進基礎設施建設和互聯互通，對接各國政策和發展戰略，深化務實合作，促進協調聯動發展，實現共同繁榮。

——命運共同體。人類命運共同體理念融入了利益共生、情感共鳴、價值共識、責任共擔、發展共贏等內涵。共建“一帶一路”主張守望相助、講平等、重感情，堅持求同存異、包容互諒、溝通對話、平等交往，把別人的發展看成自己的機遇，推進中國同沿線各國乃至世界發展機遇相結合，實現發展成果惠及合作雙方、合作各方。

一、發現舊大陸

歐亞大陸是人類文明的主要發源地之一，但在地理大發現開啟的海洋型全球化中反而落後了，成了舊大陸。

西方人開創了全球化，但世界夜晚的燈光主要集中在北美、日本和歐洲的沿海地區；世界上 90% 的貿易量、80% 的貿易額

① 習近平：《論堅持推動構建人類命運共同體》，中央文獻出版社 2018 年版，第 417 頁。

通過海洋完成，而世界海上的物流主要集中在大西洋之間。互聯網更是如此，全世界只有 13 台根域名服務器（名字分別為“A”至“M”），其中 1 個為主根服務器，在美國；其餘 12 個為輔根服務器，有 9 個在美國、1 個在英國、1 個在瑞典、1 個在日本。按照世界銀行的數據，當今世界產出的六成來自沿海地區的 100 公里地帶。這種以西方為中心的“海洋型全球化”其實是“部分全球化”（partial globalization）或“單向度全球化”。正如《共產黨宣言》描繪的：“正像它使農村從屬於城市一樣，它使未開化和半開化的國家從屬於文明的國家，使農民的民族從屬於資產階級的民族，使東方從屬於西方。”

改革單向度全球化，首先就要實現陸海聯通。全球有 44 個內陸國，歐洲之外有哪個內陸國家實現了工業化，進而實現了民主化？很難找到！為什麼“絲綢之路經濟帶”在世界上最大的內陸國家——哈薩克斯坦提出？原因也在這裏。從空間角度來講，“一帶一路”倡議在很大程度上幫助了那些內陸國家尋找到出海口，實現陸海聯通。比如，歐洲有“三河”（易北河、多瑙河、奧得河）通“三海”（波羅的海、亞得里亞海、黑海）的千年夢想。“一帶一路”倡議激活了這一夢想，助推歐洲互聯互通，形成中歐陸海快線、三海港區的大項目。另外一個是實現規模效應，現在歐洲越分越小，“一帶一路”倡議提出以後，能夠把小國聯通在一起，建立大市場，尤其是把內陸和海洋連在一起，實現陸海聯通。

因此，“一帶一路”倡議將改革傳統的全球化，朝向開放、均衡、包容、普惠方向發展，讓全球化“無死角”。要讓全球化更加均衡，以解決內陸地區和國家社會治安和發展等一系列問題，“一帶一路”倡議讓南方國家更多參與，讓欠發達國家從要外援到要投資，開創南北聯動、陸海聯動的聯動型全球化。

世界上所有國家、所有民族都應該享有平等的發展機會和權利。我們要直面貧富差距、發展鴻溝等重大現實問題，關注欠發達國家和地區，關愛貧困民眾，讓每一片土地都孕育希望。[①]

美國戰略家康納在《超級版圖》一書中提出，未來 40 年的基礎設施投入將超過人類過去 4000 年！傳統全球化中的關稅減讓，最多能推動世界經濟增長 5%，而新型全球化中的互聯互通，將推動世界經濟增長 10%—15%。因此，“一帶一路”建設給全球化提供了更強勁的動力。麥肯錫預測，到 2050 年，“一帶一路”建設會新增 30 億中產階級。未來十年，將新增 2.5 萬億美元貿易。“一帶一路”建設首先著眼於基礎設施的互聯互通，按照世界銀行前高級副行長林毅夫教授模型預測，發展中國家每增加 1 美元的基礎設施投資，將增加 0.7 美元的進口，其中 0.35 美元來自發達國家。全球基礎設施投資將增加發達國家的出口，為其創造結構性改革空間。[②]

正如習近平主席 2016 年 8 月 17 日在推進“一帶一路”建設工作座談會上的講話中指出的，以“一帶一路”建設為契機，開展跨國互聯互通，提高貿易和投資合作水平，推動國際產能和裝備製造合作，本質上是通過提高有效供給來催生新的需求，實現世界經濟再平衡。特別是在當前世界經濟持續低迷的情況下，如果能夠使順週期下形成的巨大產能和建設能力走出去，支持沿線國家推進工業化、現代化和提高基礎設施水平的迫切需要，有利於穩定當前世界經濟形勢。

① 習近平：《加強政黨合作　共謀人民幸福——在中國共產黨與世界政黨領導人峰會上的主旨講話（2021 年 7 月 6 日，北京）》，《人民日報》2021 年 7 月 7 日。

②《林毅夫：以“全球基礎設施投資”應對全球經濟挑戰》，http//caijing.chinadaily.com.cn/finance/2016-10/14/content_27067521.htm。

"一帶一路"建設如何發現舊大陸，可以用幾句詩來表達。

(一)"天塹變通途"

費爾幹納盆地被群山環抱，當地通往烏茲別克斯坦首都塔什幹的路線被山脈阻隔，以往需要繞經鄰國才能抵達。"一帶一路"倡議提出後，中國建設者來到這裏，僅用了 900 天時間，便幫助打通了全長 19.2 公里的卡姆奇克隧道。天塹自此變通途。

在"一帶一路"建設過程中，這樣的事情並非孤例。習近平主席深刻指出："共建'一帶一路'，關鍵是互聯互通。"基礎設施是互聯互通的基石，也是許多國家發展面臨的瓶頸。建設高質量、可持續、抗風險、價格合理、包容可及的基礎設施，有利於各國充分發揮資源稟賦，更好地融入全球供應鏈、產業鏈、價值鏈，實現聯動發展。在"一帶一路"框架下，"六廊六路多國多港"的互聯互通架構基本形成，四通八達的交通網正在沿線國家鋪展。未來，隨著越來越多的國家加入構建全球互聯互通夥伴關係的行動中來，人們將見證更多"天塹變通途"的人間奇跡。

(二)"天涯若比鄰"

國之交在於民相親，民相親在於心相通。"一帶一路"倡議提出以來，相關國家開展了形式多樣、領域廣泛的公共外交和文化交流，增進了相互理解和認同，為共建"一帶一路"奠定了堅實的民意基礎。

互聯互通到哪裏，民心相通就到哪裏。兩屆"一帶一路"國際合作高峰論壇在民心相通領域達成了一大批成果，各國議會、友好省市、智庫、學界、媒體和民間團體交往將進一步密切，科技、文化、藝術、創意經濟、農村發展和民間工藝、考古和古生物、文化和自然遺產保護、旅遊、衛生、體育等領域的交流和合作有望進一步加強。

志合者，不以山海為遠。從千年前的駝鈴聲中走來，和平合作、互利共贏的願望從未被山海阻隔；向新千年的願景走去，開放包容、互學互鑒的理念讓世界攜手同行。

（三）“天涯共此時”

近悅遠來，共襄盛舉。

作為一個開放包容的國際合作平台，“一帶一路”建設成為當今世界廣泛參與的國際合作平台和廣受歡迎的國際公共產品。第二屆“一帶一路”國際合作高峰論壇，更是吸引了 150 多個國家、92 個國際組織的近 5000 位外賓。

凡益之道，與時偕行。長久以來，在經濟全球化的大潮中，很多發展中國家成為“被遺忘的角落”，只能以原材料來源地和商品銷售市場的角色存在。“一帶一路”倡議秉持共商共建共享理念，致力於促進資金、設施、人員等生產要素的互聯互通。

彩雲長在有新天。推進“一帶一路”建設，為促進世界經濟增長、深化地區合作打造更堅實的發展基礎。“天涯共此時”的體悟將貫穿在各國人民對美好生活的嚮往成為現實的過程中。各國同呼吸、共命運，合力構建人類命運共同體，最終將實現“太平世界，環球同此涼熱”。

二、發展新大陸

說不盡的痛苦，流不盡的血，突尼斯被侵佔了兩千年。說不盡的歡喜，說不完的慶祝，突尼斯人第一次掌握政權。

中國客人遠道來訪，到處受到歡迎。這事一點也不偶然，這事一點也不偶然！共同的命運，共同的任務，使我們找到共同的語言。

主人說：不能讓老殖民主義走了，新殖民主義又進來。

客人說：對、對、對！中國也一樣，要把新老殖民主義一齊推翻！

——陳毅《突尼斯人語》

不患寡而患不均。非洲、美洲被歐洲殖民者稱為新大陸。

非洲為何過去沒發展起來？為何如今“一帶一路”建設在非洲最易出成果？

“一帶一路”建設在非洲一定要重視二元性問題：非洲國家的經濟基礎是南方的，但上層建築與意識形態卻是北方的，因為其上層精英多是西方培養的（媒體也是西方控股），他們推行西方標準政策，與非洲國家現處的發展階段嚴重不相匹配！

非洲資源如此豐富，勞動力如此便宜，怎麼就出不了一個鄧小平，帶領大家搞改革開放脫貧致富呢？

原來，西方人把非洲看作自家的“後花園”：我的後花園保持原生態就好，怎能建工廠？“一帶一路”建設帶來了中國的“發展是硬道理”理念，於是乎西方開始大驚小怪，指責“一帶一路”建設不按高標準、四處製造債務危機……這背後的心理動機不言自明。

實際情況是非洲在被西方殖民的數百年間都未能發展起來，直到“一帶一路”倡議落地，非洲才開始了真正的發展！孰優孰劣，高下立見！“一帶一路”建設為非洲帶來了兩大效應：陸海聯通、洲際聯動。

實現陸海聯通的典型案例是蒙內鐵路、亞吉鐵路的建成，這不僅為肯尼亞、埃塞俄比亞內地找到了出海口，同時通過港口貿易讓其融入全球價值鏈，承接大宗商品交易和產業轉移，進而將帶動產生非洲的“長三角”、“珠三角”，實現經濟騰飛。因為近代歐洲人開創的全球化實質是海洋型全球化——沿海港口城市成為進出口貿易的中心，進而可以發展成金融中心，比如紐約、倫敦、上海、香港、新加坡、東京等國際大都會，於是優先發展沿海區域在當前海洋文明主導世界的時代就成了自然而然的優先選項。此外，沿海地區還能直接與海底光纜聯通，具有打造發達信息網絡的先天優勢。修建蒙內鐵路、亞吉鐵路就是為非洲尋找出海口，這讓肯尼亞、埃塞俄比亞朋友一下子明白了陸海聯通的戰略意義。

洲際聯動，更是讓發展中國家最集中的非洲通過印度洋、北非和地中海、中東地區融入歐亞大陸的振興——絲綢之路的復興。回顧絲綢之路的興衰，我們會發現，印度洋的大部分海域靠近非洲沿岸，只不過因為歐洲人當年為尋找香料遠航的目的地是印度，因而得名。

“一帶一路”建設推動南南合作，升級中非合作戰略意義：西方走出非洲，中國走進非洲。“一帶一路”倡議對接非盟《2063年議程》，契合聯合國 2030 年可持續發展目標，體現中國夢與非洲夢的融通。同時，因為中國的到來，非洲正在產生彎道超車、變道超車效應。如肯尼亞可能跨過 4G 直接邁入 5G 時代；蒙內鐵路在肯尼亞被稱為“準軌鐵路”（Standard-Gage Railway, SGR），它的建成，表示肯尼亞新時代的到來。

發展新大陸，便是要先破後立，破殖民統治影響，立“一帶一路”國際合作倡議。

“一帶一路”四個字，綜合展示了中國改革開放、“四個自信”和連續不斷文明的三重魅力：

一是改革開放的魅力。正如 2013 年 9 月習近平主席在哈薩克斯坦納扎爾巴耶夫大學發表演講時指出的，“為了使歐亞各國經濟聯繫更加緊密、相互合作更加深入、發展空間更加廣闊，我們可以用創新的合作模式，共同建設‘絲綢之路經濟帶’，以點帶面，從線到片，逐步形成區域大合作”。“一帶一路”的“帶”是經濟帶、經濟走廊與經濟發展帶，是中國改革開放模式經驗的體現，“路”也是。中國人有句話：要致富，先修路；要快速，修高速。

二是“四個自信”的魅力。在中國，“路”不只是物理的路，還有抽象含義，指近代以來尤其是中華人民共和國成立以來探索出的一條符合中國國情的發展道路。在這一過程中，中國實現了道路自信、理論自信和制度自信，而其底蘊就是文化自信。

三是五千年連續不斷的中華文明的魅力。在中華文化裏，“路”只是實現“道”的一種方式。這裏的“道”，就是命運共同體。“道”怎麼說的呢？《道德經》第 42 章說，道生一，一生二，二生三，三生萬物。今天的道就是命運共同體。因此，“一帶一路”不是一條，而是很多條，大家都有份，因為它是開放的、包容的。

非洲朋友一開始以為“一帶一路”是古代歐亞大陸絲綢之路的復興，因此呼籲“一帶一路”加“一洲”——非洲。但通過實踐，他們已經意識到，非洲不只是“一帶一路”的自然延伸，更是天然夥伴。原因有三：

一是非洲國家對西方日益失望，紛紛向東看。改革開放前，中國人均收入只有非洲撒哈拉沙漠以南國家人均收入的三分之一。但是今天的中國已成為非洲國家羨慕的對象。中國的富強不是靠殖民主義、帝國主義或戰爭，它通過“一帶一路”倡議幫助非洲造血、養血（工業化 + 現代化），這與西方國家在非洲“吸血”（殖民＋剝削）、“輸血”（援助＋去工業化）有著本質的區別。

二是中國最可能帶動非洲現代化。在聯合國工業體系分類中，有 39 門（中國 41 門）大的工業體系、191 門（中國 207 門）中等工業體系、525 門（中國 666 門）小的工業體系，唯一全部具有的國家，就是中國！中國可以生產包括從火柴到火箭、從味精到衛星、從螺母到航母在內的幾乎所有的東西。同時，中國還在實現產業數字化、數字產業化。所以，建設“一帶一路”的效率最高、成本最低。且中國現代化經驗最為鮮活，又不干涉非洲國家內政，最適合非洲國家國情。而發達國家普遍產業空心化，私人資本導向使它們不可能幫助非洲搞基礎設施建設，它們也不希望非洲實現工業化，而只是把非洲作為其原材料產地和能源供給來源。

三是作為先發的發展中國家，中國不僅有能力，也有責任幫助非洲實現現代化。“一帶一路”建設倡導戰略對接、國際產能合作，就是對接非洲發展戰略（包括非洲夢——作為“非洲願景和行動計劃”的《2063 年議程》、非洲各國夢），實現優勢互補、互利共贏：中國的優勢是優質富餘產能，資金、技術、經驗優勢，非洲的優勢是資源、勞動力、市場；中國在對接過程中創造海外市場利潤，參與制定國際標準；非洲實現脫貧致富、命運自主，實現聯合國 2030 年可持續發展議程目標。中非合作是真正的南南合作，是構建人類命運共同體的先行者。

歐洲殖民世界所謂發現新大陸，並沒有發展之（北美除外）；中國通過“一帶一路”建設不僅重新發現舊大陸——歐亞大陸，也在發展新大陸——非洲和拉丁美洲，體現了己欲立而立人、己欲達而達人的天下情懷。

三、全球互聯互通夥伴

人類命運共同體理念已然成為推動全球治理體系變革、構建新型國際關係和國際新秩序的共同價值規範。中國方案引領全球治理新秩序。

習近平主席指出，發展是解決一切問題的總鑰匙。推進“一帶一路”建設，要聚焦發展這個根本性問題，釋放各國發展潛力，實現經濟大融合、發展大聯動、成果大共享。①

在全球產業鏈中，中國處於游刃有餘的地位——既可以向上走，也可往下走，這是吸引許多國家參與“一帶一路”建設的動力之一。中國藉助“一帶一路”國際合作與發達國家聯合開發第三方市場，不僅規避競爭，又發掘新的互補合作空間。

隨著生產和貿易全球化的不斷深入，中國進入以轉型升級帶動經濟持續發展的階段，產業已由勞動密集型轉向技術密集型，正從全球價值鏈低端向中高端攀升。其結果，“世界經濟的循環從傳統的‘中心—外圍’式的單一循環，越來越變為以中國為樞紐點的‘雙環流’體系，其中一個環流位於中國與發達國家或地區之間（北美經濟體和西歐經濟體等），另一個環流存在於中國和亞非拉等發展中國家或地區之間。一方面，中國與發達國家之間形成了以產業分工、貿易、投資、資本間接流動為載體的循環體系；另一方面，中國又與亞非拉發展中國家之間形成以貿易、直接投資為載體的循環體系”②。

在融入全球價值鏈的基礎上重新構建雙環流價值體系，不是

① 習近平：《論堅持推動構建人類命運共同體》，中央文獻出版社 2018 年版，第 435 頁。
② 劉偉、郭濂主編：《一帶一路：全球價值雙環流下的區域互惠共贏》，北京大學出版社 2016 年版，第 3 頁。

要放棄已具有的國際市場份額和需求，而是要融入全球價值鏈，拓展市場範圍和需求，提高經濟可持續發展能力。正如“雙環流價值鏈體系”圖所顯示的。

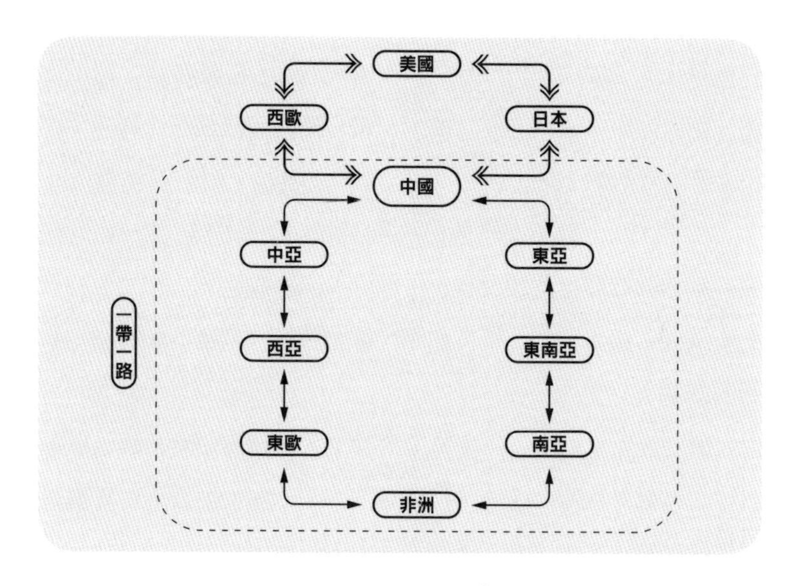

雙環流價值鏈體系[①]

習近平主席 2017 年 5 月 14 日在首屆“一帶一路”國際合作高峰論壇開幕式上發表的主旨演講中指出，我們正處在一個挑戰頻發的世界。世界經濟增長需要新動力，發展需要更加普惠平衡，貧富差距鴻溝有待彌合。地區熱點持續動盪，恐怖主義蔓延肆虐。和平赤字、發展赤字、治理赤字，是擺在全人類面前的嚴峻挑戰。

為解決這“三大赤字”（後增加了“信任赤字”），習近平主席在演講中回溯到兩千年前的絲路文明，號召我們不忘初心，不

① 參見藍慶新、姜峰：《“一帶一路”與以中國為核心的國際價值鏈體系構建》，《人文雜誌》2016 年第 5 期，第 30 頁。

讓浮雲遮目，堅定信念——各國之間的聯繫從來沒有像今天這樣緊密，世界人民對美好生活的嚮往從來沒有像今天這樣強烈，人類戰勝困難的手段從來沒有像今天這樣豐富，中國在歷經四十多年改革開放所探索出的“創新、協調、綠色、開放、共享”等五大發展理念的基礎上，提出“和平之路、繁榮之路、開放之路、創新之路、文明之路”的“一帶一路”建設理念，展示了解決世界性難題的中國方案。

和平之路：絲綢之路是和平的產物。今天，“一帶一路”建設通過倡導發展導向的全球化，樹立共同、綜合、合作、可持續的安全觀，標本兼治，統籌協調，綜合施策，正在消除衝突、動盪的根源。

繁榮之路：絲綢之路是繁榮的標誌。古絲綢之路沿線地區曾是“流淌著牛奶與蜂蜜的地方”。“一帶一路”建設正在再現這種繁榮景象，通過“經濟大融合、發展大聯動、成果大共享”，給世界經濟發展帶來福音。

開放之路：絲綢之路是開放的結果。“一帶一路”建設正在打造“開放、包容、普惠、平衡、共贏的經濟全球化”，是應對保護主義的最有力方案。

創新之路：絲綢之路是創新的寶庫。“一帶一路”建設著眼於 21 世紀的互聯互通，創新合作模式、創新合作觀念，引領國際合作方向。

文明之路：絲綢之路是文明的象徵。“一帶一路”建設將人類四大文明——埃及文明、巴比倫文明、印度文明、中華文明串在一起，通過由鐵路、公路、航空、航海、油氣管道、輸電線路和通信網絡組成的綜合性立體互聯互通的交通網絡，推動內陸文明、大河文明的復興，推動發展中國家脫貧致富，推動新興國家持續成功崛起。一句話，以文明復興的邏輯超越了現代化的競爭邏輯，為 21 世紀國際政治定調，為中國夢正名。“一帶一路”建設所開創的文明共同復興的秩序可稱為“文明秩序”。

總之，以“和平之路”、“繁榮之路”、“開放之路”、“創新之路”、“文明之路”這“五路”（現在還包括綠色之路、廉潔之路）的推進逐步消除世界“四大赤字”——和平赤字、發展赤字、治理赤字、信任赤字，這就是“一帶一路”建設，是中國共產黨人和中華文化天下大同的初心。

為了與合作夥伴共商合作大計、共建合作平台、共享合作成果，中國舉辦了兩屆“一帶一路”國際合作高峰論壇，首屆強調發展導向：發展是解決一切問題的總鑰匙。第二屆強調在發展中規範，在規範中發展，以開放、綠色和廉潔理念推動“一帶一路”建設高標準高質量發展。首屆講問題導向——和平、發展、治理三大赤字，第二屆講目標驅動——構建人類命運共同體。

我們應該構建全球互聯互通夥伴關係，實現共同發展繁榮。構建全球互聯互通夥伴關係，關鍵在聯通，核心在夥伴，是夥伴關係這一新型國際關係的實踐。不同於聯盟體系的依附性、不平等性和必須有假想敵的對抗性，夥伴關係主張各國命運自主、平等參與，不針對第三方。

全球互聯互通夥伴特別針對當今世界的三種現象：被聯通——通往鄰國的航班沒有直航，只能從巴黎轉；聯而不通——鄰國間的心理距離比各自與西方的心理距離遠，可謂同床異夢；通而不聯——文明古國心心相契，然缺乏互聯。“一帶一路”建設讓天塹變通途，才能天涯若比鄰，體會天涯共此時——不是外國的月亮比我國的圓，而是共一個月亮：人類命運共同體。

“一帶一路”建設源於歷史，屬於未來，源於中國，屬於世界，是推進開放、包容、普惠、平衡、共贏新型全球化的倡議，是踐行人類命運共同體的合作平台和最受歡迎的國際公共產品。第二屆“一帶一路”國際合作高峰論壇期間，各方達成 283 項務實成果，企業家大會上也簽署了總額 640 多億美元的合作意向協議。正如習近平主席指出的，這些成果充分說明共建“一帶一路”應潮流、得民心、惠民生、利天下。這就是“一帶一路”建設的全球化邏輯。

習近平主席在博鰲亞洲論壇 2021 年年會開幕式上的視頻主旨演講中指出，共建“一帶一路”追求的是發展，崇尚的是共贏，傳遞的是希望。受疫情影響，全球跨境投資不同程度下降，但是“一帶一路”投資合作穩中有進，為全球經濟恢復注入寶貴動力。習近平主席強調，“一帶一路”是大家攜手前進的陽光大道，不是某一方的私家小路。所有感興趣的國家都可以加入進來，共同參與、共同合作、共同受益。這體現了中國一以貫之的和合共生發展理念。面向未來，中國將同各方繼續高質量共建“一帶一路”，踐行共商共建共享原則，弘揚開放、綠色、廉潔理念，努力實現高標準、惠民生、可持續目標。通過建設更緊密的衛生合作夥伴關係、互聯互通夥伴關係、綠色發展夥伴關係、開放包容夥伴關係，把“一帶一路”建成“減貧之路”、“增長之路”，為人類走向共同繁榮作出積極貢獻。

篇三

自身維度：天下大同

人類命運共同體有三個關鍵詞——

人類：超越國家利益看人類社會未來，關注長遠、整體人類利益。既是應對氣候變化等全球性危機，也是塑造人工智能、全球公域秩序，不能重複權力政治。

命運：超越資本全球化時代強者更強、弱者更弱的邏輯，實現人類共贏、安全共享。

共同體：各國命運應該掌握在自己手裏，這是形成命運共同體的前提；其次超越國際社會，確立人類意識和共同身份。

第七章

構建人類命運共同體的思維

“世界潮流，浩浩蕩蕩，順之則昌，逆之則亡。”要跟上時代前進步伐，就不能身體已進入 21 世紀，而腦袋還停留在過去，停留在殖民擴張的舊時代裏，停留在冷戰思維、零和博弈老框框內。

——習近平

人類命運共同體理念的提出，標誌著中國告別近代，走出西方，不再囿於中西、體用的糾纏，而是超越國際，關注人類；超越經濟全球化，關注命運；超越國際社會，關注共同體。

道路決定命運。2019 年 6 月，G20 大阪峰會上，時任日本首相安倍晉三拋出了“社會 5.0”概念，認為人類社會發展至今，已經歷了狩獵社會、農耕社會、工業社會、信息社會，接下來會進入以人為中心的未來社會（虛擬空間與物理空間的高度融合）：通過新技術如萬物互聯、機器人、人工智能等的運用，大數據將取代資本連接並驅動萬物，並幫助不斷縮小貧富差距。

習近平新時代中國特色社會主義思想以人民為中心，以人類為情懷，汲取五千年中華文明靈感，承載近代以來中華民族現代化夢想，開闢馬克思主義中國化、時代化、大眾化新境界，這在“人類命運共同體”三個關鍵詞“人類”、“命運”、“共同體”中得到了充分體現。

	古代 （天下）	近現代 （現代化）	新時代 （人類命運共同體）
世界觀	天人合一	線性進化論	告別近代，走出西方
方法論	究天人之際 通古今之變	中學為體 西學為用 學貫中西	人類情懷，世界擔當

中國自古至今在世界觀和方法論上的變遷

“人類”是中國傳統人本主義思想和天下觀的時代昇華。近代歐洲開創的威斯特伐利亞體系中，以民族國家為單元的國際體系濫觴於世，既穩定了國際秩序也帶來了不公，如今許多國家仍然是部落制，現代國家能力建設滯後於時代，且強者邏輯、先發邏輯一直在拷問國際公平正義。習近平主席繫天下、貫中西、懷南北，高瞻遠矚提出以“人類”為單元的世界觀，超越國家、民族的分野，充分展示中國傳統文化的整體觀、系統論以及民本思想和天下情懷。

“命運”源於 180 年來中國走出的符合自身國情發展道路的實踐。中國獨立自主，將命運牢牢掌握在自己手上，秉承“己欲立而立人，己欲達而達人”理念，鼓勵各國將命運掌握在自己手中，走符合自身國情的發展道路，可以說是以中華國運帶動人類命運，樹立了超越意識形態、價值觀的整體身份和未來認同，體現了中國世俗文明的時代魅力。

“共同體”超越民族想像共同體、中華文化共同體的層次，追求人類共同體的大同，實現全球化時代的天下一家夢想，超越地區一體化和全球化的矛盾，超越近代以來中心—邊緣全球化體系，實現地理、政治、文化的合一，從此成就人類命運。

“人類”、“命運”、“共同體”這三方面均超越了近代以來西方開創的政治文明，是人類文明的創新，也是在新時代踐行馬克思主義自由人聯合體、共產主義理想的實踐，充分展示了社會主義文明的魅力和世界人民的期待。

人類命運共同體理念中，命和運是結合在一起的，命是解決身份認同的問題，解決安全感和獲得感的問題。運是解決發展的問題，解決態勢和未來的問題。人類命運共同體是在信息化開放的時代弘揚天下大同的思想。“各美其美，美人之美，美美與共，天下大同”放在命運共同體中來講可以說是“各命其命，命人之命，命命與共，天下大同”、“各運其運，運人之運，運運與共，天下大同”。

“往者不可諫，來者猶可追。”[①] 人類命運共同體既是從昨天看明天，也是從後天看明天；既是現在時，也是未來時。

一、超越民族國家

梁啟超先生在《中國史敘論》一文中描繪了中國的三重身份：中國的中國、亞洲的中國、世界的中國。與此相對應，今日之中國身份有三：一是“傳統中國”（Traditional China），即傳統農耕文化、內陸文明孕育的“文化共同體”。二是“現代中國”（Modern China），即近代以來隨著“天下”觀破滅後被迫融入西方國際體系而塑造的現代“民族國家”身份。由於國家尚未統一，“現代中國”身份仍在建構中，民族融合與核心價值觀建構挑戰尚存。三是“全球中國”（Global China），它是指隨著中國

①《論語・微子》。

的改革開放，那些利益和觀念國際化、全球化的部分，既堅持傳統文化，又包容價值普世性，而處於形成之初級階段的全新國家身份。比如，中國 10 億網民越來越多地擁有“全球公民”身份，而非“中國人”之單一屬性。

傳統中國，經歷“夷夏之辨”而形成；現代中國，經歷“中西之辨”而塑造；全球中國，因為“一帶一路”而伸展。

走向海洋的中華文明，不得不再次面向西方。不過，這次是民族的自覺行為與自主選擇。它要解決的是鴉片戰爭以來近兩百年的問題，面對的是“千年未有之變局”。中華文明的復興，是將歐洲的普世價值之術內化為中國之道——人類共同價值，從而確立中國崛起的道統。

中國崛起的最大身份優勢，就是作為文明型國家的崛起，這就超越了美國、歐盟作為人造國家、組織的政治認同。因此，以西方的民主、人權觀來詮釋中國治理的合法性，以所謂的國際關係理論來解釋中國和平崛起戰略，必然是牛頭不對馬嘴的。作為文明型國家，時間上追求道統“定於一”，空間上推崇“四海一家”，這就不能用西方式時空邏輯分析其在全球化世界的崛起態勢，必須回到文明的自身維度——文明的生命力。

從文明的生命力觀之，中國特色社會主義道路，對內是中華文明的復興之路，是中華民族的富強之路，是中國人民的幸福之路；對外是人類文明史上的偉大創舉，是中國對世界的歷史性貢獻。中國崛起是一種全球化現象，並非單純只是一個國家的崛起。為了厘清全球化時代裏的中國身份，要依次解決好以下三個維度問題：

其一是文明的時間維度。傳統中國，是一個擁有 5000 年文明的古老國度。中國的崛起，是迄今人類文明史上唯一延綿不斷的古老文明的偉大復興。然而，這種復興，不只是恢復漢唐盛世，而是要在全球化世界實現文明復興。為了達成文明復興，就依次要解決內陸文明走向海洋、傳統文化走向現代的時代課題。中國崛起過程中糾結的台灣問題、南海問題等，本質上是"中國的中國"、"亞洲的中國"二元身份的糾葛。只有恢復中國在亞洲的文明道統地位，台海關係、中日關係、中國與周邊關係，才可能根本理順。

其二是文明的空間維度。現代中國，是一次500年來被迫融入西方體系的民族嬗變。中國是文明古國中少有的未被西方完全殖民且改革開放不以西化為旨趣的國家。現代中國的身份建構，不僅要處理傳統文明如何走向現代化的問題，而且肩負實現東西方文明大包容的偉大使命；又不會落入西方式大國崛起的權勢轉移陷阱、東西方文明的衝突。中華文明能否超越西方文明為全球治理提供可持續發展的器物、制度與精神支撐，是國際關係史上的重大考驗。

其三是文明的自身維度。全球中國，是一個超越復興與崛起，超越時間與空間，著眼於文明的生命力即自身演繹的全新身份。在古今中國、東西方中國之外，實現南北中國的人類使命，合目的地開創人類文明新範式、繼承性創建人類共同價值體系，是人類文明發展史的全新挑戰。

總之，堅信應該對人類作出較大貢獻的中國，當以文明自覺探尋中國和平發展道路的世界意義，以文明自信推動人類文明進步。中國崛起的道統，不僅在於復興傳統中華文明，也在於構建新型國際關係和構建人類命運共同體，合目的地開創人類文明新範式，實現"傳統中國"、"現代中國"、"全球中國"身份的三位一體。正如習近平主席在亞洲文明對話大會上所指出的，"今日之中國，不僅是中國之中國，而且是亞洲之中國、世界之中國。未來之中國，必將以更加開放的姿態擁抱世界、以更有活力的文明成就貢獻世界”[1]。

二、超越自由國際秩序

人類命運共同體與自由國際秩序（Liberal International Order）是什麼關係？是不是中國要恢復天下體系？這是國際社會普遍關心的問題。

自由國際秩序也稱為“自由主義國際秩序”，其實是“美國治下的和平”（Pax Americana），包括三大支柱：一是聯合國體系，中國是其中一部分。隨著美國退群、反多邊主義，中國反而在捍衛之。二是亞太地區的“輻輳”（Hub-Spokes）體系，即以美日、美韓、美澳、美菲、美泰雙邊同盟為輻，以美國霸權為輳，同時實現美國提供安全和市場准入、盟國提供美國前沿軍事部署和戰略夥伴的“共贏”地區安全秩序。約翰·伊肯伯里形象地將這種自由主義的霸權秩序描述為“東亞國家出口商品到美國市場，美國出口安全到東亞”[2]。中國崛起打破了這一局面，從而出現“安全靠美國、經濟靠中國”的“亞洲悖論”。三是跨大西洋體系，以北約為核心，以美歐共同價值觀為紐帶，維護西方主導的治理結構，但特朗普上台後推行的單邊主義使之遭遇空前挑戰，加上英國脫歐的“黑天鵝事件”，使美歐之間出現重大分

① 習近平：《深化文明交流互鑒　共建亞洲命運共同體——在亞洲文明對話大會開幕式上的主旨演講（2019 年 5 月 15 日，北京）》，http://www.xinhuanet.com/politics/leaders/2019-05/15/c_1124497022.htm。

②〔美〕約翰·伊肯伯里：《自由主義利維坦：美利堅世界秩序的起源、危機和轉型》，趙明昊譯，上海人民出版社 2013 年版，第 148 頁。

歧，無怪乎默克爾呼籲“歐洲的命運要掌握在自己手裏”[①]。

自由（liberty）是二分法思維，即以自身的自由民主、市場經濟價值觀區分世界，製造所謂西方—非西方（west-rest）的對立。因此，自由國際秩序是排他性秩序，針對所謂的不自由的國家。在當今互聯互通世界裏，不公正、不合理、不可持續的一面更加顯現——美國已無力領導世界，自由那套也不得人心，更何況美國債務如此高，不管領不領導都先宣告“美國優先”了。

套用英國智庫歐洲對外關係委員會主任馬克·萊昂納德的說法，“歐盟成員國有政策，沒有價值觀；歐盟有價值觀，沒有政策”，自由以國內價值觀劃線搞外交統一戰線，意味著失去獨立性——盟友有政策但獨立性大打折扣，價值觀也更多交給美國。中國、俄羅斯是美國之外當今世界上最獨立自主的國家，成為美國領導的自由國際秩序（US-led liberal international order）的對手。印度自稱是世界上最大的民主國家，長期為不結盟運動領袖，長期秉持獨立自主理念，如今甘願成為美國遏制中國的一環，是大大的倒退。

再說，自由國際秩序，聯合國、國際法認可嗎？恐怕美國領導才是關鍵，是否“自由”是美國來界定的。特朗普時期，美國精英把他與美國進行切割，認為特朗普不能代表美國價值觀，讓西方繼續指望美國領導。其實，不管誰做美國總統，美國的價值觀、領導權都不會變。美國國內政治極化，黑人尚“不能自由呼吸”，卻熱衷追求國際秩序的美國領導權，這本身就不自由！只許美國霸道，不許歐洲選擇，自由國際秩序的內在邏輯充滿矛盾。

---

① Allen Nand Mulholland R (2017), Europe can no longer rely on the US and UK, warns Merkel. The Telegraph, 28 MAY 2017.

中國並不反對自由國際秩序，而是要包容之。中國不用二分法思維區分敵友，反而一直提倡“和合共生”。構建人類命運共同體就是中國和合文化的體現，旨在實現國際社會價值觀的最大公約數。基辛格認為，從來不存在一個真正全球性的“世界秩序”[①]。中國古代天下秩序也是中外秩序。今天要建立超越中外的全球秩序，這就是人類命運共同體的使命。

為何人類命運共同體明明是告別近代、走出西方的理念，西方卻以近代、西方邏輯評判之？推而廣之，為何西方老誤解中國？究其根源，有以下幾方面原因：

一是線性進化論（linear evolution）思維作怪：你在重複我的過去。認定人類命運共同體是復興中國的天下觀，而天下觀是霸權觀，宣稱人類命運共同體是自由國際秩序的敵人，並號召加以抵制，暗含邏輯是：中國正在重複我的過去！

二是普世價值觀（universalism）作怪：國內的就是國際的；你的價值觀按我的來。中國儒、道、釋並存，自然成為作為一神論產物的普世價值觀的敵人。

三是西方勝利主義（west triumphalism）思想作怪：西方的就是普世的。西方戰勝了蘇聯，認為也可以戰勝中國。其實蘇聯是自己內部垮掉的，並非西方戰勝；中國並非與西方對立，更非蘇聯，而是已高度融入全球化體系。

三、超越人類中心主義

中國科幻大片《流浪地球》火爆 2019 年春節。在同名小說

① 〔美〕亨利·基辛格：《世界秩序》，胡利平、林華、曹愛菊譯，中信出版社 2015 年版，第 2 頁。

中，劉慈欣生動闡釋了人類命運共同體的內涵：在從前太陽時代向逃逸時代轉型的過程中，飛船派（飛船逃逸的個人主義自由派）和地球派（帶著地球一起流浪的大地派）成為最重要的兩個意識形態陣營。最終，地球派戰勝了飛船派。在經過木星引力彈弓之後，飛船派發現太陽依舊在，隨即對地球派進行清算。就在地球派被執行死刑的那一刻，太陽（被奉為神明的某帝國）油盡燈枯，死了。

像飛船派這種把人類利益放在最高位置，隨時可以將地球棄之不顧的，就是人類中心主義，又譯為“人類中心論”（human centered doctrine），是以人類為事物中心的學說。同其他文化觀念一樣，人類中心主義的觀念也具有歷史發展的連續性和間斷性，這一概念曾在三個意義上使用。

古希臘普羅塔哥拉的“人是萬物的尺度”表達了最早的人類中心主義思想，它認為個別的人或人類是萬物的尺度，即把人類作為觀察事物的中心。文藝復興時期以後的哲學家提出的大宇宙與小宇宙的學說把人看成小宇宙，認為人反映了整個宇宙，也是人類中心主義的表現。各種主觀唯心主義認為人創造現實世界，人的精神或人的意志創造整個世界的觀點，也反映了這種以人為宇宙中心的思想。後現代主義認為人類中心主義誇大了人改造世界的能力，顛倒了人與自然界的關係，必須反對，反對其主體性及把主體與客體即人與自然界對立的觀點。

萬變不離其宗，不管概念如何變化，人類中心主義是一種價值尺度，它將人類的利益作為價值原點和道德評價的依據，認為有且只有人類才是價值判斷的主體。

“人類中心”一詞，源於希臘文 ανθρωπότης——人，和拉丁文 centrum——中心。人類中心是一種同宗教和唯心主義有聯繫的反科學觀念，認為人是宇宙的最終目的和宇宙的中心。西方學者在 20 世紀 70 年代以後就提出了重構人類中心主義，到 90 年代，人類中心主義的重構論（anthropocentric reformism）已成為美國環境哲學的三大組成部分之一（前兩個組成部分是"激進的生態哲學"——與反文化運動有關的深生態學、生態女權主義和社會生態學等，以及"環境倫理學"）。人類中心主義的重構論主張環境問題的根源，既不是有關人類在自然界中的位置所持的人類中心主義態度，也不是體現那些態度的社會政治經濟結構。相反，空氣污染、水污染以及自然資源的極度浪費式利用等類似問題，根源於無知、貪婪和短視。要解決這類問題，通常涉及諸多的社會因素的重構。

從人類社會發展的歷史向度來看，對人在世界中位置的設定有兩種基本形態：一是將人擺置在自然之下，形成自然神聖的宇宙本體論；一是將人擺置在自然之上，形成了人文主義世界觀。然而，無論是宇宙本體論，還是人文主義世界觀，均屬於人與自然關係的"主奴式"建構。當今生態哲學中的人類中心主義和非人類中心主義仍然沒有走出這一窠臼。①

人類中心主義的極端化，使它逐漸走向了自然的對立面，導致自然對人類的報復。消除這種報復的途徑，就是通過生態文明的道德教育，喚起人們對自然的"道德良知"與"生態良知"，使人們認識到：人與自然的關係是息息相通、相互作用、互利共生、和諧共存的有機統一，人有責任、有義務尊重自然界的其他物種存在的權利。享用自然並非人類的特權，而是一切物種共有的權利。人要在維護生態平衡的基礎上合理開發自然，規範人類

① 曹孟勤：《人與自然和諧共生的價值意蘊》，《光明日報》2019 年 2 月 25 日。

對自然的行為，把人的生產方式、消費方式限制在生態系統所能承受的範圍內，倡導在熱愛自然、尊重自然、保護生態平衡的基礎上，積極能動地改造自然和利用自然。習近平主席強調，人與自然是生命共同體，“堅持人與自然和諧共生”[1]。

於是，人類命運共同體催促我們從後天看明天——地球後天要流浪，明天豈能無動於衷？明天再不達到未來地球計劃設定的目標，今天有何面目生活？這就超越了過去從昨天看明天的消極人類命運觀，提醒人們不要等到氣候變化導致地球無法生存的那一天才開始行動。

① 習近平：《共同構建人與自然生命共同體——在“領導人氣候峰會”上的講話（2021 年 4 月 22 日，北京）》，《人民日報》2021 年 4 月 23 日。

第八章

構建人類命運共同體的邏輯

中國共產黨所做的一切，就是為中國人民謀幸福、為中華民族謀復興、為人類謀和平與發展。我們要把自己的事情做好，這本身就是對構建人類命運共同體的貢獻。我們也要通過推動中國發展給世界創造更多機遇，通過深化自身實踐探索人類社會發展規律並同世界各國分享。我們不“輸入”外國模式，也不“輸出”中國模式，不會要求別國“複製”中國的做法。

——習近平

中共十九屆四中全會通過的《中共中央關於堅持和完善中國特色社會主義制度、推進國家治理體系和治理能力現代化若干重大問題的決定》，將“堅持獨立自主和對外開放相統一，積極參與全球治理，為構建人類命運共同體不斷作出貢獻的顯著優勢”列為中國國家制度和國家治理體系的顯著優勢之一，並呼籲“高舉構建人類命運共同體旗幟，秉持共商共建共享的全球治理觀，倡導多邊主義和國際關係民主化，推動全球經濟治理機制變革”。這標誌著中國的國際話語權從“中國特色”轉到“國家治理”，進而上升到“人類命運共同體”高度。

構建人類命運共同體的邏輯，也就是前文提及的三部曲。首先是命運自主，各國走符合自身國情發展道路；其次是命運與共，互聯互通；最後是命運共同體，塑造共同身份、共同使命、共同歸宿的三位一體。

一、命運自主

在全球化時代，沒有哪個國家能完全自主。在全球產業鏈、價值鏈、供應鏈中，國家的完全自主自足雖然已經不可能，但區別在於自主程度不一、內容有別：核心與非核心的自主。

法國有句諺語："人的命運掌握在自己的手裏。"人類命運共同體主張各國命運掌握在自己手裏，發展權也應該掌握在人民手裏，資本全球擴張造成了依附性的事實，發展中國家依附於發達國家，美其名曰相互依存，其實是極不對稱的。發達國家不僅扼制了發展中國家自身的發展需求，還利用發展中國家對其的依附行使制裁手段。人類命運共同體理念是對經濟全球化相互依存理念的超越，剝離發展中國家對發達國家的依附，走出命運自主的發展道路。

經歷近代以來的現代化征程，尤其是中華人民共和國成立以來的工業化進程，中國提出"四個自信"，希望別的國家也有"四個自信"，成為自己。其中最關鍵的是要走符合自身國情發展道路。鞋子合不合適，自己的腳才知道。沒有放之四海而皆準的發展模式。中國的成功，就是不輸入也不輸出發展模式，實現全球化的本土化、社會主義中國化。

費孝通先生的名言"各美其美，美人之美，美美與共，天下大同"極富傳統智慧。可是，如果自己都覺得不美，又如何做到美美與共呢？換言之，如果命運沒有掌握在自己手裏，缺乏四個自信，又如何實現美美與共的理想？

世界是平的？經濟全球化帶來所謂相互依存現象——對稱的或不對稱，卻忽視了國際體系、國際秩序是誰主導的這一根本問題。當今世界，多數國家其實都沒有建立起獨立（更不用說）

完整的國防—工業體系，信息時代更是搭美國提供的公共產品之便車。伽利略系統的一度停擺，折射出這樣一個基本事實：沒有自己獨立自主的國防—工業體系，外交安全戰略上就不可能獨立；沒有軍事研發所折射的政府力量、舉國體制和產業政策，很難在關鍵核心技術和系統上實現彎道超車。連歐洲發達國家、美國盟友都遭遇此處境，遑論發展中國家？反觀華為，正是認識到這些基本道理，才能有今天的全球 5G 領先地位。

習近平主席指出，“世界的命運必須由各國人民共同掌握。各國主權範圍內的事情只能由本國政府和人民去管，世界上的事情只能由各國政府和人民共同商量來辦。這是處理國際事務的民主原則，國際社會應該共同遵守”[①]。命運自主是構建人類命運共同體的基礎，為此必須超越聯盟體系、集體安全邏輯，克服經濟全球化與政治碎片化、安全分散化的矛盾。

總之，命運共同體前提是命運自主，其次是超越國家利益分野，著眼於人類命運本身，通過利益共同體——計利當計天下利，責任共同體——天下興亡，匹夫有責，到命運共同體，不忘人類初心，牢記命運與共，打造共同體。

二、命運與共

新冠肺炎疫情全球肆虐，凸顯各國人民命運與共。韓國總統文在寅與習近平主席通話時說韓中是近鄰，中國的困難就是韓國的困難。日本援助物資上寫著“山川異域，風月同天”。這些都是東亞“共生”思想的鮮明體現，有助於周邊命運共同體的建設。

---

① 習近平：《論堅持推動構建人類命運共同體》，中央文獻出版社 2018 年版，第 7 頁。

命運與共，是對傳統全球化相互依存理念的超越，不僅強調平等互動，而且考慮順境、逆境，有力回擊了逆全球化論調。

2019 年 11 月 5 日，習近平主席在第二屆中國國際進口博覽會開幕式發表題為《開放合作　命運與共》的主旨演講，強調經濟全球化是歷史潮流。長江、尼羅河、亞馬孫河、多瑙河晝夜不息、奔騰向前，儘管會出現一些回頭浪，儘管會遇到很多險灘暗礁，但大江大河奔騰向前的勢頭是誰也阻擋不了的。世界經濟發展面臨的難題，沒有哪一個國家能獨自解決。各國應該堅持人類優先的理念，以更加開放的心態和舉措，共同把全球市場的蛋糕做大、把全球共享的機制做實、把全球合作的方式做活，共同把經濟全球化動力搞得越大越好、阻力搞得越小越好。

全球治理是構建人類命運共同體的重要抓手。中國倡導各國抓住契機，勇挑重擔，積極推動構建更加平衡、反映大多數國家意願和利益的全球治理體系。中國高舉構建人類命運共同體旗幟，推動全球治理體系朝著更加公正合理的方向發展。中國秉持共商共建共享的全球治理觀，弘揚多邊主義，倡導國際關係民主化，堅持國家不分大小、強弱、貧富一律平等，支持聯合國發揮積極作用，支持擴大發展中國家在國際事務中的代表性和發言權。中國發揮負責任大國作用，積極參與全球治理體系改革和建設，不斷貢獻中國智慧和力量。

建設新型國際關係是構建人類命運共同體的基本路徑。“構建人類命運共同體是目標和方向，建設新型國際關係是前提和路徑，實質是要走出一條國與國交往的新路，並為構建人類命運共同體開闢道路、創造條件。”[1] 中國推動構建相互尊重、公平正

①《習近平外交思想學習綱要》，人民出版社、學習出版社 2021 年版，第 58 頁。

義、合作共贏的新型國際關係。主張尊重各國人民自主選擇發展道路的權利，反對干涉別國內政，反對強權政治和霸權主義，維護國際公平正義。合作共贏是各方實現利益的唯一正確選擇，世界長期發展不可能建立在一批國家越來越富裕而另一批國家卻長期貧窮落後的基礎之上。各國應該在追求本國利益時兼顧各國合理關切，在謀求本國發展時促進各國共同發展，在維護本國安全時尊重各國安全，共同享受尊嚴、共同享受發展成果、共同享受安全保障。

相互尊重是前提。各國都有平等參與國際事務的權利，各國主權和領土完整不容侵犯，各國內政不容干涉，各國人民自主選擇的社會制度和發展道路應該受到尊重，各國核心利益和重大關切應該得到尊重。

公平正義是準則。公平正義是世界各國人民在國際關係領域追求的崇高目標。各國應共同推動國際關係民主化，讓各國人民共同掌握世界的命運，使各方都遵守國際法和公認的國際關係基本原則，用統一適用的規則來明是非、促和平、謀發展，使全球治理體系變革適應國際力量對比新變化，體現各方關切和訴求，更好維護廣大發展中國家的正當權益。

合作共贏是目標。合作共贏是普遍適用的原則，不僅適用於經濟領域，而且適用於政治、安全、文化等其他領域，應該成為各國處理國際事務的基本政策取向。各國都應該把本國利益同共同利益結合起來，努力擴大各方共同利益的匯合點；各國都要積極樹立雙贏、多贏、共贏的新理念；各國都要堅持同舟共濟、權責共擔，攜手應對氣候變化、能源資源安全、網絡安全、重大自然災害等日益增多的全球性問題，共同呵護人類賴以生存的地球家園。[①]

還要夯實構建人類命運共同體的人文基礎。文明因多樣而交流，因交流而互鑒，因互鑒而發展，要樹立平等、互鑒、對話、包容的文明觀，從不同文明中尋求智慧，汲取營養，為人們提供精神支撐和心靈慰藉，解決人類共同面臨的各種挑戰。

堅持和而不同，維護文明多樣性。習近平主席指出，一切文明成果都值得尊重，都應該得到承認和珍惜。各國各民族既要珍惜和維護本國本民族的文明特別是思想文化，又要承認和尊重別國別民族的思想文化；既要增強本國本民族思想文化自尊、自信、自立，又不能搞自我封閉，不能唯我獨尊。特別是在全球化時代，不同的文明在注重保持和彰顯各自特色以及標誌性符號的同時，正在交流交融中形成越來越多的共同要素和標誌；來自不同文明的各國各民族交往越多越深，越認識到別國別民族文明的悠久傳承和獨特燦爛。世界不存在可以傳播甚至強加給其他文明的所謂"普世價值"，開放包容、多元互鑒、多樣一體已成為 21 世紀人類文明大家園的主基調。

堅持平等互尊，加強文明對話交流。每一種文明都扎根於自己的生存土壤，凝聚著一個國家、一個民族的非凡智慧和精神追求，都有自己存在的價值。文明之間應秉持謙恭互尊的態度，避免傲慢偏見和片面狹隘認知，反對相互隔膜、相互排斥、相互取代。

堅持包容互鑒，促進文明發展繁榮。交流互鑒是文明發展的本質要求，人類歷史本來就是一幅不同文明相互交流、彼此借鑒、和合融通的宏偉畫卷。文明交流互鑒應該是對等的、平等

① 參見《習近平新時代中國特色社會主義思想基本問題》，人民出版社、中共中央黨校出版社 2020 年版，第 363—364 頁。

的，應該是多元的、多向的，只有通過平等的交流互鑒，才能求同存異，取長補短，才能引領人類文明的優秀文化基因與當代文化相適應、與現代社會相協調，才能引領優秀文化精神得以弘揚。也唯有如此，人類文明才能充滿生命力，不斷創造性轉化和創新性發展，各國各民族才能找到實現共同發展之道，攜手應對挑戰之道，共同開創人類命運共同體的美好未來。①

人類邁入 21 世紀以來，商品、人才、信息在全球範圍內高速流通，世界是通的，信息和交通的互聯互通將在地球村中生活的人們的命運緊密相連。“相知無遠近，萬里尚為鄰。”

人類命運共同體作為世俗文明的終極關懷，尋求人類價值最大公約數，超越人類中心主義，成就人類新文明，正以人類文明創新超越世界文明對話，開創文明對話新時代；“一帶一路”作為構建人類命運共同體的國際合作平台，正以“五通”尤其民心相通見證文明交流互鑒到共塑人類文明的飛躍。

三、命運共同體

命運賦

〔北宋〕呂蒙正

天有不測風雲，人有旦夕禍福。蜈蚣百足，行不及蛇；雄雞兩翼，飛不過鴉。馬有千里之程，無騎不能自往；人有沖天之志，非運不能自通。

蓋聞：人生在世，富貴不能淫，貧賤不能移。文章蓋世，孔子厄於陳邦；武略超群，太公釣於渭水。顏淵命短，殊非兇惡

① 參見《習近平新時代中國特色社會主義思想基本問題》，人民出版社、中共中央黨校出版社 2020 年版，第 364—366 頁。

之徒；盜跖年長，豈是善良之輩。堯帝明聖，卻生不肖之兒；瞽叟愚頑，反生大孝之子。張良原是布衣，蕭何稱謂縣吏。晏子身無五尺，封作齊國宰相；孔明臥居草廬，能作蜀漢軍師。楚霸雖雄，敗於烏江自刎；漢王雖弱，竟有萬里江山。李廣有射虎之威，到老無封；馮唐有乘龍之才，一生不遇。韓信未遇之時，無一日三餐，及至遇行，腰懸三尺玉印，一旦時衰，死於陰人之手。

有先貧而後富，有老壯而少衰。滿腹文章，白髮竟然不中；才疏學淺，少年及第登科。深院宮娥，運退反為妓妾；風流妓女，時來配作夫人。青春美女，卻招愚蠢之夫；俊秀郎君，反配粗醜之婦。蛟龍未遇，潛水於魚鱉之間；君子失時，拱手於小人之下。衣服雖破，常存儀禮之容；面帶憂愁，每抱懷安之量。時遭不遇，只宜安貧守份；心若不欺，必然揚眉吐氣。初貧君子，天然骨骼生成；乍富小人，不脫貧寒肌體。

天不得時，日月無光；地不得時，草木不生；水不得時，風浪不平；人不得時，利運不通。注福注祿，命裏已安排定，富貴誰不欲？人若不依根基八字，豈能為卿為相？

吾昔寓居洛陽，朝求僧餐，暮宿破窖，思衣不可遮其體，思食不可濟其飢，上人憎，下人厭，人道我賤，非我不棄也。今居朝堂，官至極品，位置三公，身雖鞠躬於一人之下，而列職於千萬人之上，有撻百僚之杖，有斬鄙吝之劍，思衣而有羅錦千箱，思食而有珍饈百味，出則壯士執鞭，入則佳人捧觴，上人寵，下人擁。人道我貴，非我之能也，此乃時也、運也、命也。

嗟呼！人生在世，富貴不可盡用，貧賤不可自欺，聽由天地循環，週而復始焉。

《命運賦》是古代中國人的消極命運觀，受到佛教教義的深刻影響。其他宗教的命運觀也較為消極，比如基督教認為"命"是上帝命定的，"運"則是上帝賜給人的自由意志，人們應該充分發揮上帝賦予人的恩賜、才能和把握機會，在上帝安排的時間與環境中，來完成上帝的旨意。

人類命運共同體理念超越了舊時代的消極命運觀，弘揚了優秀傳統文化的積極命運觀，如荀子的"制天命而用之"，彰顯世俗倫理與社會主義精神。

孔子曰："己欲立而立人，己欲達而達人。"改革開放以來，按照現行貧困標準計算，中國 7.7 億農村貧困人口擺脫貧困；按照世界銀行國際貧困標準，中國減貧人口佔同期全球減貧人口 70% 以上。在全球貧困狀況依然嚴峻、一些國家貧富分化加劇的背景下，中國打贏脫貧攻堅戰，提前 10 年實現聯合國《2030 年可持續發展議程》減貧目標，顯著縮小了世界貧困人口的版圖，"為實現 2030 年可持續發展議程所描繪的更加美好和繁榮的世界作出了重要貢獻"。中國願同各國加強減貧交流合作，攜手推進國際減貧進程，為構建沒有貧困、共同發展的人類命運共同體作出更大貢獻。[①]

"一帶一路"是構建人類命運共同體的重要實踐平台。蒙內鐵路是"一帶一路"對接非洲的標誌性項目之一，激活了肯尼亞打造非洲"長三角"的富裕夢。

① 國務院新聞辦公室：《人類減貧的中國實踐》白皮書（2021 年 4 月 6 日）。

內羅畢終點站

謹此紀念肯尼亞鐵路一百二十年歷史

肯尼亞與鐵路之緣遊走在昨日的幻想與今日認識到世界發展的理性之間。歷史上，對我們國家存在貢獻最大的，仍然是鐵路。鐵路對我們國家商業、政治、宗教和文化的影響，前所未有。

內羅畢終點站，是肯尼亞鐵路發展史上輝煌的明珠。它的美，不僅在於它是一件宏大的藝術品，也不僅在於它為旅客提供的尊享服務，而在於它是一個對未來肯尼亞繁榮的承諾。

車站主體是一座高 20 米的建築，外形恰似兩台分別來自蒙巴薩和馬拉巴方向的柴油機車相會於此。車站設有客運區域、調度中心、運營辦公室以及附屬。

在這裏，一條偉大的現代鐵路將取代曾經行駛在這片大地上傳奇般的蒸汽機車，改變目的地之間顛簸的旅途，告別經常脫軌、擁抱大地的米軌。

肯尼亞共和國政府與中華人民共和國政府之間的承諾與合作，加上三萬當地人民和三千中國人民組成的建設團隊的同心協力，讓標軌鐵路項目提前十八個月完工交付。肯尼亞鐵路局、監理諮詢聯合體和中國路橋的團隊協作，很好地詮釋了只要相信自己並且有鍥而不捨的信念與決心，一切皆有可能的真理。

我們讚美這條鐵路，它連通各國，造福於民。

向讓夢想變成現實的人們，致敬！

蒙內鐵路紀念碑

本紀念碑於 2017 年 5 月 31 日由肯尼亞共和國總統與國防部隊總司令 Uhuru Kenyatta, C.G.H. 閣下揭幕，見證蒙內標軌鐵路正式開通運營。

命運共同體的構建是人類的恆久夢想，尤其是反帝反霸反殖運動和爭取民族獨立運動期間。比如，塞拉利昂有一首歌是這樣唱的：

MY WEST AFRICAN HOME

No more guns, no more killing,

No more crying and fear of living.

No more hunger, no more pain,

No more hiding in the rain.

Peace and democracy,

That is what we want to see.

Here in Salone

Si-erra Leone,

Wher'ere ever you roam,

In this, my West African home.

Temne, Mende, Limba, Krio,

Susu, Fula, and Mandingo.

Black and white, rich and poor,

Young and old, big and small.

Deaf and dumb, blind and lame,

Moslem, Christian, we're all the same.

Here in Salone

Si-erra Leone,

Where ever you roam,

In this, my West African home.

Throughout this land, Wher'ere you go,

From north in Makeni, to south in Bo.

Head east to Kenema and Kailahun,

Or go to Kono, or Pujehun.

On ev'ry trip, along every mile

You'll find a wave and a friendly smile.

Here in Salone

Si-erra Leone,

Where ever you roam,

In this, my West African home.

不再有槍，不再有殺戮，

不再哭泣，不再害怕生活，

不再飢餓，不再痛苦，

不再躲在雨中。

和平與民主，

這就是我們想看到的。

這裏是 Salone

塞拉利昂，

無論你在哪裏流浪，

在這裏，我的西非之家。

Temne，Mende，Limba，Krio，

Susu，Fula 和 Mandingo。

黑白，貧富，

老少皆宜，大大小小。

又聾又啞，又瞎又瘸，

穆斯林，基督徒，我們都一樣。

這裏是 Salone
塞拉利昂，
無論你在哪裏流浪，
在這裏，我的西非之家。

在這個島上，你去哪裏，
從 Makeni 的北部到 Bo 的南部。
往東去 Kenema 和 Kailahun，
或者去 Kono，或者 Pujehun。
每一次旅行，每一英里
你會發現波浪和友好的微笑。

這裏是 Salone
塞拉利昂，
無論你在哪裏流浪，
在這裏，我的西非之家。

一直被擠壓在最邊緣的非洲比世界上的任何地方都更渴望發展，也更有發展的空間，它只是沒有機會！我們能做的，就是給非洲發展機會！

如果從現在起，全球 GDP 依然保持當前增長率，即中國 6%、全球平均 3%，那麼 40 年後，中國將佔有全球 GDP 的 50%，屆時中國不可能在佔有全球一半財富的同時，讓其他國家的人有錢購買中國生產的商品，這在邏輯上是自相矛盾的。要解決這個矛盾，要麼幫助全球其他地區加快發展，要麼將中國發展速度拉低到全球現有水平。兩相比較，前者更有吸引力。

非洲是投資的熱土，是希望之地，是推動構建人類命運共同體的示範樣板。幫助非洲兄弟們富起來，通過放水養魚、授之以養魚的方法，讓非洲搭上中國發展的快車，其實也讓中國市場有了未來蓄水池，堪稱雙贏。

正如中共十九大報告所指出的："中國特色社會主義道路、理論、制度、文化不斷發展，拓展了發展中國家走向現代化的途徑，給世界上那些既希望加快發展又希望保持自身獨立性的國家和民族提供了全新選擇。" 這說明，中國通過革命、建設和改革開放實踐將命運牢牢掌握在自己手裏，鼓舞了非洲國家命運自主，並實現中非命運與共，共同致力於構建人類命運共同體。

第九章

構建人類命運共同體的個案

大道至簡，實幹為要。構建人類命運共同體，關鍵在行動。

——習近平

推動構建人類命運共同體是新時代中國特色大國外交的總目標，也是中國特色大國外交最鮮明的特徵。國際社會要從夥伴關係、安全格局、經濟發展、文明交流、生態建設等方面作出努力。要秉持相互尊重、公平正義、合作共贏，推動構建新型國際關係，摒棄傳統的以強凌弱的叢林法則，走出一條對話而不對抗、結伴而不結盟的國與國交往新路；要堅持以對話解決爭端、以協商化解分歧，統籌應對傳統和非傳統安全威脅，反對一切形式的恐怖主義；要同舟共濟，促進貿易和投資自由化、便利化，推動經濟全球化朝著更加開放、包容、普惠、平衡、共贏的方向發展；要尊重世界文明多樣性，以文明交流超越文明隔閡、文明互鑒超越文明衝突、文明共存超越文明優越；要堅持環境友好，合作應對氣候變化，保護好人類賴以生存的地球家園。

人類命運共同體理念的提出和推廣，契合時代發展進步潮流，反映了各國人民的普遍願望，正在贏得越來越廣泛的理解和支持。構建人類命運共同體的實踐正在不斷取得進展。

習近平在一系列重大國際場合多次深刻闡述構建人類命運共同體重要理念的豐富內涵，提出建設一個持久和平、普遍安全、共同繁榮、開放包容、清潔美麗的世界，推動構建人類命運共同體。

在全球治理層面，習近平在出席第二屆世界互聯網大會、第四屆核安全峰會、第七十三屆世界衛生大會視頻會議、領導人氣候峰會、集體會見出席中國人民解放軍海軍成立七十週年多國海軍活動的外方代表團團長等場合，分別提出構建網絡空間命運共同體、打造核安全命運共同體、構建人類衛生健康共同體、構建人與自然生命共同體、構建海洋命運共同體等倡議。

在地區層面，習近平在重大出訪、主持重要的國家主場外交活動等場合，分別提出打造周邊命運共同體、建設亞洲命運共同體、構建亞太命運共同體、攜手建設更為緊密的中國東盟命運共同體、攜手構建更加緊密的上海合作組織命運共同體、打造新時代更加緊密的中非命運共同體、打造中阿命運共同體、構建攜手共進的中拉命運共同體等重大倡議。

在雙邊層面，習近平同哈薩克斯坦、巴基斯坦、柬埔寨、老撾、越南、緬甸等一系列國家的領導人深入溝通，凝聚共識，倡導中國同各有關國家構建命運共同體。

一、人類衛生健康共同體

人類發展史也是同病毒的鬥爭史。新型冠狀病毒肺炎是近百年來人類遭遇的影響範圍最廣的全球性大流行病，對全世界是一次嚴重危機和嚴峻考驗。人類生命安全和健康面臨重大威脅。全球疫情防控戰，已經成為維護全球公共衛生安全之戰、維護人類健康福祉之戰、維護世界繁榮發展之戰、維護國際道義良知之戰，事關人類前途命運。人類唯有戰而勝之，別無他路。國際社會要堅定信心，團結合作。團結就是力量，勝利一定屬於全人類！[1]

然而，從現實來看，當前的全球公共衛生治理體系還存在多方面的問題。狹隘的利益視角束縛著國家間的合作，各國的公共衛生政策之間缺乏聯繫，而全球範圍內公共衛生資源難以及時配給到需要的地區，公共衛生問題日益全球化，而公共衛生政策卻依然地方化，兩者之間的矛盾使得世界在面對全球性公共衛生問題時捉襟見肘。

另一方面，這種現實也客觀上反映了當前世界各國在應對衛生健康問題上是一個相互聯繫、相互依存、命運與共、休戚相關的共同體。衛生健康問題威脅的不僅僅是一個國家的安全與穩定，更是整個人類文明的生死存亡。在應對公共衛生問題時，沒有一個國家可以做到獨善其身，即使一國已經單方面切斷了與當前受災國的聯繫，還是會受到同樣的威脅。公共衛生問題天然具有跨國性、流動性、傳播性，在全球互聯互通日益深入的今天，企圖置身事外已經不再現實，世界日益需要以整體的眼光來看待這一問題。

習近平主席強調，人人享有健康是全人類共同願景，也是共建人類命運共同體的重要組成部分[2]。公共衛生安全是人類面臨的共同挑戰，要共同推進疫情防控國際合作，支持聯合國及世界衛生組織在完善全球公共衛生治理中發揮核心作用，打造人類衛生健康共同體。[3] 健康絲綢之路是"一帶一路"建設的重要部分，為推動各國間的衛生戰略協調作出了貢獻。構建人類命運共同體是

① 國務院新聞辦公室：《抗擊新冠肺炎疫情的中國行動》白皮書（2020 年 6 月）。

②《習近平致信祝賀博鰲亞洲論壇全球健康論壇大會開幕》，http://www.xinhuanet.com/politics/leaders/2019-06/11/c_1124607391.htm。

③《習近平就法國發生新冠肺炎疫情向法國總統馬克龍致慰問電》，http://www.xinhuanet.com/2020-03/21/c_1125748121.htm。

中國向世界提出的重要倡議，是為實現世界的長久和平、推動共同發展、維護世界文明繁榮所提出的中國方案，抗擊新冠肺炎疫情是構建人類命運共同體的生動個案。

（一）公共衛生問題的特點

新冠肺炎疫情全球大流行是百年一遇的全球公共衛生危機，在造成全球人道主義災難的同時，進一步刺激了百年未有之大變局。傳統上，國際上的公共衛生問題主要關注多邊及雙邊的合作，因為在以往的條件下，公共衛生事件的傳播速度和範圍都有限。即使是多次暴發的 1918 年大流感，也僅僅是在有限的範圍內造成影響。然而，新冠肺炎疫情彰顯出未來全球公共衛生事件的一個趨勢，公共衛生問題成為一種全局性的挑戰——每一個國家、每一家公司、每一個人都置身其中。在新的時代背景下，公共衛生問題呈現出即時傳播、強關聯性、全球性、安全化的趨勢。這種新的特點必然要求公共衛生治理機制發生根本性的變革。要認識到人類社會如何面對這一轉變，必須從把握這些特點入手。

一是傳播速度更快。當今時代技術、基礎設施的發展，引發社會基本交往形態的變化，客觀上提高了公共衛生事件的傳播速度，使得公共衛生事件在更短時間內波及更多人口。過去點對點、可追蹤的傳播模式逐漸被即時傳播、隨機關聯的新形態取代。一個明顯的對比是，過去，天花病毒用了 3000 多年才傳遍各大洲；今天，新冠病毒可能在短時間內就可抵達地球上的任何城市，並在短短幾個月內傳播到世界上絕大多數國家的絕大多數地區。

二是公共衛生問題之間的強關聯性。公共衛生安全直接威脅到的，不再只是人的生命健康，而是幾乎所有領域。而當前由於產業鏈、價值鏈、生產鏈的全球化佈局，公共衛生事件日益成為深刻影響各個國家政治、經濟、文化、教育等多方面的綜合性事件。而不同國家、不同領域之間的公共衛生問題展現出更強的關聯性。在全球化分工的背景下，一個產品的生產被肢解為諸多細小部分，分佈在不同國家、不同區域以及不同的行業。這帶來了兩個層面的相互關聯：一個是不同區域、不同國家之間的相互依賴；另一個是不同產業、不同生產鏈之間的相互依賴。在這種全球化分佈式生產模式下，任何一個環節出現嚴重問題，都會產生牽一髮而動全身的影響。

三是全球性。目前，公共衛生問題的另一大新特點是全球性。雖然一度面臨著反全球化的民粹主義力量抵抗，但隨著多年來全球化的深入發展，世界各國之間的經濟貿易往來、人文交流已經日益深刻。世界越來越成為一個你中有我，我中有你的地球村。而國際人口流動、貨物交流的頻繁和無國界的趨勢，也致使公共衛生問題開始在全球蔓延開來。

四是安全化趨勢明顯。如習近平主席所言，禽流感、埃博拉、寨卡等疫情不斷給國際衛生安全敲響警鐘[①]。現代社會的結構越發複雜精細，衛生健康問題對各方面事業的影響也越發深刻，造成的後果可能更加嚴重，同時對人類整體的安全產生威脅。公共衛生與公共安全的聯繫日益緊密，不僅僅關乎個人與群體的生死存亡，更成為總體安全的應有關切。事實反覆證明，衛生安全關乎國運，從某種意義上說，衛生安全是每一個國家的"命門"[②]。

---

①《習近平談治國理政》（第二卷），外文出版社 2017 年版，第 542 頁。

② 徐彤武：《全球衛生安全：威脅、挑戰與應對》，《中國國際戰略評論》2019 年第 2 期，第 91 頁。

（二）構建人類衛生健康共同體的必要性

公共衛生治理體系宛如一面鏡子，照出了當今世界發展基本模式的缺陷，過去被忽視、被掩蓋的問題暴露在世人面前。曾經依賴美國霸權而建立的全球治理體系困境凸顯出來，而新自由主義的神話正式破產。在這一背景下，構建人類命運共同體成為國際社會更加迫切的需求。

第一，資本治理模式與人類危機之間的矛盾充分暴露。長期以來，西方大肆鼓吹自身資本主義創造的現代文明的神話。但實質上，資本主義文明遵從的是“資本的邏輯高於人的邏輯”。新冠肺炎疫情提示我們進入了以人為本的全球化階段，但相關的治理體系還沒有搭建出來。超過 80% 的人生活在發展中國家，他們在全球治理的話語體系中是“沉默的多數”。全球治理中，依然是資本說了算，而不是人類生命說了算。

第二，自由與秩序之間的關係難以得到協調。潘嶽先生指出：“當今時代，最大的矛盾是‘自由優先’還是‘秩序優先’。”[①]在公共衛生危機下，這兩者之間的矛盾被再次深化。新冠肺炎疫情如此嚴峻，歐美國家卻一直在公共場合是否佩戴口罩的問題上糾纏，政府也被個人自由主義所牽扯，無法有效防控疫情，並且在疫情未有效得到控制的情況下開始復工復產。《世界是平的》一書的作者托馬斯·弗里德曼在《紐約時報》發表時評，稱這次全球抗疫將是劃時代的，以前有公元前和公元後，現在有抗疫前和抗疫後。“在今後的日子裏，我們需要調整我們（重自由、輕秩序）的文化結構。”[②]

---

① 潘嶽：《戰國與希臘：中西方文明根性之比較》，《文化縱橫》2020 年第 3 期，第 31 頁。

② Friedman, Thomas L. Our new historical divide: B.C. and A.C.— the world before corona and the world after. *The New York Times*, March 17, 2020.

第三，狹隘國家利益視角影響對全球危機的應對。傳統的民族國家立場仍然主導國際衛生健康治理體系，當前的全球衛生健康治理體系依然由以美國為首的西方發達國家主導，而受到衛生健康問題困擾較嚴重的國家卻是那些發展中國家。兩者之間對公共衛生治理的利益訴求並不一致[①]。尤其是在新冠疫苗上市後，一些國家只顧本國利益，造成國際上疫苗問題分配的不公正。根據相關機構統計，佔世界人口 16% 的富裕國家擁有全球 60% 的疫苗。幾個發達國家訂購的疫苗數量是其人口的兩到三倍，而貧困的發展中國家則無力或沒有渠道獲得西方疫苗。而中國秉持人類命運共同體理念，認為疫苗應當服務全世界、造福全人類。[②] 習近平主席強調，中國積極支持並參與新冠肺炎疫苗國際合作，已經加入"新冠肺炎疫苗實施計劃"，願同各國在開展疫苗研發、生產、分配等各環節加強合作。我們將履行承諾，向其他發展中國家提供幫助和支持，努力讓疫苗成為各國人民用得上、用得起的公共產品。[③]

第四，霸權體系與去中心化傳播鏈存在矛盾。區塊鏈等技術預示，全球化將朝著去中心化方向發展，而這也是新冠肺炎疫情反映出的全球挑戰現實。去中心化的公共衛生問題模式給公共衛生治理帶來了全新的挑戰與要求。例如，新冠肺炎疫情的暴發節點存在不可預測性。

---

① Waitzkin H, Jasso-Aguilar R, Landwehr A, & Mountain C. Global trade, public health, and health services: stakeholders'constructions of the key issues. *Social Science & Medicine*, April 2005, 893-906. https://doi.org/10.1016/j.socscimed.2005.01.010.

②《外交部：中方反對搞"疫苗民族主義"製造"免疫鴻溝"》，http://www.xinhuanet.com/2021-03/30/c_1127275062.htm。

③ 習近平：《勠力戰疫　共創未來——在二十國集團領導人第十五次峰會上第一階段會議上的講話（2020 年 11 月 21 日，北京）》，http://www.gov.cn/xinwen/2020-11/21/content_5563270.htm。

近代以來，國際體系是以西方為中心的，威斯特伐利亞體系以民族國家為基本單元，當前的國際社會的治理機制還是以二戰後美國搭建的霸權體系為主，在當今時代背景下已經日益失靈。而主體多元導致利益多元，在機制比較單一的情況下，全球矛盾就會凸顯出來。為此，各國要堅持主權原則但是要超越國家層面和同質性局限，包括超越歐洲共同體局限於歐洲地區的排他性、負外部性，走向最廣泛、最平等、最包容的共同體——人類命運共同體。

（三）構建人類衛生健康共同體的路徑

習近平主席在全球健康峰會上指出，提高應對重大突發公共衛生事件能力和水平，要做到堅持人民至上、生命至上；堅持科學施策，統籌系統應對；堅持同舟共濟，倡導團結合作；堅持公平合理，彌合"免疫鴻溝"；堅持標本兼治，完善治理體系。

面對新的時代特點以及既有的國際關係模式和治理體系暴露出的諸多問題，國際社會需要採取新的理念，對既有的國際關係模式和全球治理路徑進行深刻改革，直面時代挑戰，維護人類共同利益。全面提升全球公共衛生治理的水平與一體化程度，為構建安全祥和健康的世界做出努力，推動人類衛生健康共同體的構建。具體而言，在人類命運共同體思想指導下，國際社會應當在如下方面進行通力合作。

第一，推動實現公共衛生領域分配正義。這需要同舟共濟，而非畫地為牢、以鄰為壑。許多地區的衛生健康問題，諸如傳染病、食品衛生問題等，都是發展水平落後導致的。在公共衛生問題面前，其他國家的發展對一國是機遇而非挑戰。要促進更合理的國際分工，必須加強國際援助，實現公共衛生領域的分配正義。這是人類衛生健康共同體建設的重要內容。習近平主席

2017 年初在會見時任世界衛生組織總幹事陳馮富珍時表示：中國願同世界衛生組織在落實 2030 年可持續發展議程、援助發展中國家等方面加強協作，為建設人類命運共同體共同作出努力。

人類冀望疫苗打敗病毒。然而，全球範圍內疫苗分配不公問題卻日漸顯現。"疫苗民族主義"制約著國際社會共同抗疫的勝利。聯合國秘書長古特雷斯表示，當前疫苗接種存在地區嚴重不均衡、不公平現象。秉持人類命運共同體理念，中國始終努力推進新冠疫苗在全球範圍內的公平分配。一段時間以來，中國研製的新冠疫苗抵達全球最需要的地方。中國通過行動向世界宣示，只有團結合作、攜手抗疫，讓疫苗得到公平合理分配，努力實現疫苗在發展中國家中的可及性和可負擔性，全球才能最終戰勝疫情。

第二，塑造整體安全觀。單純從國家安全角度看待衛生健康問題，會導致封閉排外的狹隘政策，最終不僅不能保護好自身安全，也會危及整體安全。正如習近平主席在瑞士日內瓦聯合國總部的演講中指出的："世上沒有絕對安全的世外桃源，一國的安全不能建立在別國的動盪之上，他國的威脅也可能成為本國的挑戰……各方應該樹立共同、綜合、合作、可持續的安全觀。"[①] 面對公共衛生這種非傳統安全，零和博弈的思維並不適用，因為彼此的收益並非獨立的，而是相互聯繫、交織的，一榮俱榮，一損俱損。只有以更開放的安全觀去應對，才能真正處理好公共衛生問題。

抗擊新冠肺炎疫情是人類命運共同體理念的最好教材。

第三，協調國內治理、區域治理與全球治理。疫情推動全球

① 習近平：《論堅持推動構建人類命運共同體》，中央文獻出版社 2018 年版，第 419 頁。

化走向“全球地方化”，全球治理也走向“全球地方治理”。為此我們要強調內外統籌、命運與共，協調國內治理和全球治理，解決國內和國際上的治理赤字，這是中國提出雙循環新發展格局的必然要求。命運與共就強調了經濟安全應該是統籌的。發展是解決問題的總鑰匙，但是美國經常以“安全”來破壞發展，全球治理變革應破除“安全靠美國，發展靠中國”的悖論，實現安全與發展治理的統籌。此外，疫情還推動了全球供應鏈的回歸或多樣化，避免過長、過於集中某地，增加了“備胎”思想。這印證了在人類命運共同體思想指導下，“一帶一路”建設思路的正確性：以點帶面，從線到片，逐步形成區域合作大格局，形成網格狀的全球地方化，加強地區、次區域、跨區域治理網絡的互聯互通。

正如《抗擊新冠肺炎疫情的中國行動》白皮書所指出的，各國應該以此次疫情為鑒，反思教訓，化危為機，以卓越的政治遠見和高度負責的精神，堅持生命至上、全球一體、平等尊重、合作互助，建立健全全球公共衛生安全長效融資機制、威脅監測預警與聯合響應機制、資源儲備和資源配置體系等合作機制，建設惠及全人類、高效可持續的全球公共衛生體系。

第四，要引導全球治理回歸對人的關切。以往的全球治理只關注如何治理，而不回答為誰治理。受制於國家主義的視野，不管是全球治理，還是國際關係學，都忽視了人在其中的意義。個人的生活方式和價值對全球整體性的抗疫產生直接影響。例如，美國盛行個人主義，歐洲人傾向於散漫、浪漫、傲慢，這使得他們很難做到團結應對疫情。而新冠肺炎疫情提醒我們，全球化歸根到底是落實到以人為本的全球化，需要在全球治理中找回對人的關切，重塑人類共同價值，這對於推動全球治理發展具有重要意義。

從長遠來看，新冠肺炎疫情引發的全球性危機標誌著40年前隨著“里根—撒切爾革命”誕生的新自由主義增長模式的終結。疫情強化了政府的力量，侵蝕了已動搖的全球化根基，使小政府和自由市場變得不合時宜。

全球性傳染病給人類敲響了警鐘，提醒我們人類社會具有脆弱性，也向我們展示了人類的命運密不可分，休戚與共。傳統的零和博弈思維與狹隘國家利益觀點已經不合時宜，我們需要的，是以整體意識的眼光，維護共同的利益，承擔起共同的責任，共同構建人類衛生健康共同體。

衛生健康事業關乎人類長期發展乃至生死存亡，國際社會必須以高度的責任感、使命感應對好全球衛生健康問題。為實現人類文明的長期繁榮發展，需要樹立人類命運共同體意識，從多個方面推動構建好人類衛生健康共同體。建設人類衛生健康共同體，不僅僅符合為世界和平與發展提出的中國方案，更是符合人類社會的發展階段以及現實，是全球互聯互通程度不斷提高，公共衛生問題日益複雜化的必然要求。各國應攜手合作，摒棄狹隘的立場，共同為推動構建人類衛生健康共同體而努力。

二、海洋命運共同體

堅持陸海統籌、人海和諧、合作共贏，協同推進海洋生態保護、海洋經濟發展和海洋權益維護，加快建設海洋強國。……積極發展藍色夥伴關係，深度參與國際海洋治理機制和相關規則制定與實施，推動建設公正合理的國際海洋秩序，推動構建海洋命運共同體。

——《中華人民共和國國民經濟和社會發展第十四個五年規劃和 2035 年遠景目標綱要》

古代，歐洲流行羅馬帝國皇帝愷撒（Gaius Julius Caesar）的名言：I come, I see, I conquer（意即“我來，我看見，我征服”）。近代，歐洲殖民者也奉行愷撒的名言，在世界大肆掠奪。西方自然觀導致海洋成為殖民、擴張的工具。海洋生態系統被破壞後，修復週期是數百年，而非陸地的數十年。

如今，海洋發展面臨不可承受之重，我們呼喚所有國家將海洋視為生命起源之地、連接大陸的天然紐帶。

中國傳統海洋觀是天下觀的延伸。在鄭和第三次下西洋的時候，明成祖給了他一封敕書，讓他帶給西洋各國頭目和番王。書中說道：“朕奉天命君主天下，一體上帝之心，施恩佈德。凡覆載之內日月所照，霜露所濡之處，其人民老少，皆欲使之遂其生業，不致失所。今遣鄭和齎敕普諭朕意。爾等祗順天道，恪守朕言，循理安分，勿得違越，不可欺寡，不可凌弱，庶幾共享太平之福。若有攄誠來朝，咸錫皆賞。故茲敕諭，悉使聞知。永樂七年三月□日。”[①]

這與西方擴張型海洋觀形成鮮明對照。同時，中國傳統海洋觀折射內陸型文明的局限，以陸觀海，以海觀洋，而不是以洋觀洋、以天下觀天下。

以海上絲綢之路為例。古代人類對海洋的認識僅停留在海平面，對海底世界基本上處於未知狀態，而佔據地球面積 49% 的是國際海域。21 世紀的海洋觀倡導人海合一，推動構建人類命

① 胡丹輯考：《明代宦官史料長編》（上），鳳凰出版社 2014 年版，第 96 頁。

運共同體，就是希望公海不再重複海洋圈地運動的悲劇。這正是“21 世紀海上絲綢之路”冠名“21 世紀”的深遠意義。

生命起源於海洋，海洋將大陸相連，這從漢堡國際海事博物館七樓的說明可見一斑：

1. 海面下別有洞天。地球表面四分之三是海洋。但我們對遠方的太空和身邊的海洋都知之甚少。海洋仍然神秘莫測。

2. 海洋之水從何而來尚無定論。海水可能是太空中彗星帶來的天水，也可能是地球幼年時呼出的地水。

3. 海洋世界和陸地世界各有規律。海水比空氣稠密近 1000 倍，海洋生物漂浮其中，就不需要腳踏實地。

4. 人類想征服地球，但恐怕終難征服同在地球卻不是地的海洋。

5. 有風就有浪。海浪能奔馳萬里，風大浪就高。

6. 海面結冰就有浮冰漂流，南北極冰川流入大海變為冰山。冰山的身體十分之九藏在水下。

7. 浮游藻類和人大不一樣，卻製造了大氣中百分之八十的氧氣。沒有藻類就沒有生命。

8. 藻類植物沒有根、莖、葉，卻已經在地球上生活了 9 億年。從極地到熱帶，不管淡水還是鹹水，從水面到 90 米深處都有藻類生活。

9. 海洋動物用信號交流。用聲、光、化學物質、電等發出信號，用觸覺和嗅覺接收。

10. 現在地球上已知 150 多萬個物種，四分之一是海生。但有些科學家認為，只在海洋可能就有 2000 萬種生物，不過大部分尚未發現。

11. 已知的魚類約有 28700 種，還在不斷發現新種，但同時也有很多種滅絕。世界上最大的生物是藍鯨，可以達到 33 米長、140 噸重（但牠不是魚）。

12. 海水溫度上升 1℃—2℃，就可能殺死一整片珊瑚礁的生物。

13. 珊瑚礁就像海裏的熱帶雨林，是動植物種類最豐富的海洋生態系統。

為什麼要講海洋命運共同體呢？

古羅馬哲人塞涅卡說過，我們是同一片大海的海浪。

從海洋的國際法地位角度來看，海洋本身是個互聯互通的共同體。地球是個水球，地球表面的 71% 被水覆蓋，其中 96.54% 的液態水存在於海洋中，大氣與大洋之間、河流湖泊與大洋之間、大洋與大洋之間相互連通。海洋其中一部分的變化會給整個海洋系統和地球生態系統造成影響。

太空、極地、深海成為人類尚未充分認知的三大疆域。相比於太空、極地，海洋中 95% 的水域尚未被探索過，人類對海洋的認識遠遠不如火星。這給人類探索海洋提供了巨大空間。

從人類社會共同發展角度來看，近代以來，歐洲人開創的全球化本質上是海洋型全球化，產業鏈主要分佈在沿海地區，內陸地區和內陸國家普遍落後。走出近代，實現陸海聯通，實現海洋可持續發展，打造人海合一夥伴關係，成為 21 世紀海上絲綢之路和海洋命運共同體的重要使命。

1988 年在巴黎召開的"面向 21 世紀"第一屆諾貝爾獎獲得者國際大會上，75 位諾貝爾獎得主圍繞著"21 世紀的挑戰和希望"議題展開討論，得出的重要結論之一是：人類要生存下去，就必須汲取25個世紀之前的儒家先賢之智慧。

可持續發展，從生態環境到人類文明，呼喚東方智慧。

理解海洋命運共同體，要克服傳統中國以陸觀海、以海觀洋的內陸文明思維，確立以洋觀洋、以天下觀天下的“21世紀海上絲綢之路”觀。

理解海洋命運共同體，同時也要走出西方“陸權—海權對抗”論，杜絕人類中心主義帶來的陸地災難在海洋重演，避免進入深海時代、數字海洋時代繼續強者更強、弱者更弱的悲劇。

從人類文明史看，“一帶一路”建設正在開創“天人合一”、“人海合一”的人類新文明。2014年6月，國務院總理李克強在希臘雅典出席中希海洋合作論壇並發表了題為《努力建設和平合作和諧之海》的演講，全面闡述了中國新型“海洋觀”，得到了歐洲各方的積極響應。

——建設和平之海。中國倡導與其他國家一道，共同遵循包括《聯合國海洋法公約》在內的國際準則，通過對話談判，解決海上爭端，謀取共同安全和共同發展。反對海上霸權，確保海上通道安全，共同應對海上傳統安全威脅以及海盜、海上恐怖主義、特大海洋自然災害和環境災害等非傳統安全威脅，尋求基於和平的多種途徑和手段，維護周邊和全球海洋和平穩定。

——建設合作之海。中國積極與沿海國家發展海洋合作夥伴關係，在更大範圍、更廣領域和更高層次上參與國際海洋合作，共同建設海上通道、發展海洋經濟、利用海洋資源、開展海洋科學研究，實現與世界各國的互利共贏和共同發展。其中，共建“21世紀海上絲綢之路”是中國建設合作之海的建設性舉措。

——建設和諧之海。中國始終強調尊重海洋文明的差異性、多樣性，在求同存異中謀發展，協力構建多種海洋文明兼容並蓄的和諧海洋，從而維護海洋健康，改善海洋生態環境，實現海洋資源持續利用、海洋經濟科學發展，促進人與海洋和諧發展，走可持續發展之路。

習近平主席在集體會見出席中國人民解放軍海軍成立 70 週年多國海軍活動外方代表團團長時指出，"我們人類居住的這個藍色星球，不是被海洋分割成了各個孤島，而是被海洋連結成了命運共同體，各國人民安危與共……中國提出共建 21 世紀海上絲綢之路倡議，就是希望促進海上互聯互通和各領域務實合作，推動藍色經濟發展，推動海洋文化交融，共同增進海洋福祉……我們要像對待生命一樣關愛海洋"[①]。

中國是世界上最大的貿易國家，奉行的是不結盟政策。中國希望與作為海上霸主的美國建設新型大國關係，這就要求中國提出 21 世紀海洋合作新理念，創新航運、物流、安全合作模式，通過特許經營權、共建共享港口等方式，推進海上與陸上絲路對接。

"21 世紀海上絲綢之路"貴在"21 世紀"：中國既不走西方列強走向海洋的擴張、衝突、殖民的老路，也不走與美國海洋霸權對抗的邪路，而是尋求有效規避傳統全球化風險，開創人海合一、和諧共生、可持續發展的新型海洋文明。不僅如此，"21 世紀海上絲綢之路"主張開放、包容，不去挑戰現有海洋秩序，而是推動海洋秩序更加包容、公正、合理、可持續。

當然，海洋命運共同體建設也面臨諸多挑戰：

一是如何處理現存的海洋主權爭端。解決海洋主權爭端的依據是國際法，人類命運共同體可發揮什麼作用？國際上一些國家

① 《習近平談治國理政》（第三卷），外文出版社 2020 年版，第 463—464 頁。

以構建海洋命運共同體要求中國放棄南海島嶼主權和主權權益，將海洋命運共同體與主權對立起來，將理念與法律運用兩個不同層面的問題混為一談。

二是如何處理海洋命運共同體理念與美國海上霸權關係。就以南海為例，美西方以所謂的“南海航行自由”，攻擊中國的島礁計劃威脅其海上軍事霸權體系。中國與東盟談判的 COC（“南海行為準則”）如何約束美國？如何應對印太戰略對“21 世紀海上絲綢之路”的抵制？

三是如何處理海洋國家與內陸國家關係以及海洋強國與弱國的關係。中日有東海海洋權益劃分之爭，涉及大陸架自然延伸與中間線的衝突。法國是世界第二大海洋大國，因為殖民遺產聲稱自己是太平洋國家、印太國家（有太平洋屬地、留尼汪等海外領地、領土），派軍艦來南海維護航行自由，如何應對？後發國家、海洋弱國的主權權益如何維護？

日本學者高阪正堯援引英國人觀點宣稱，民主國家才是海洋國家，將專制—自由的二元對立話語體系移植到海洋，暗含的邏輯是海洋命運共同體只是民主國家的，再次暴露出西方殖民體系塑造的國際法、國際話語體系無法企及人類命運共同體的包容性，也反襯人類命運共同體還原世界多樣性的意義。這些挑戰，既具有一般領域的普遍性，又有海洋的特殊性。

三、網絡空間[1]命運共同體

推進網絡空間國際交流與合作，推動以聯合國為主渠道、以聯合國憲章為基本原則制定數字和網絡空間國際規則。推動建立多邊、民主、透明的全球互聯網治理體系，建立更加公平合理的網絡基礎設施和資源治理機制。積極參與數據安全、數字貨幣、數字稅等國際規則和數字技術標準制定。推動全球網絡安全保障合作機制建設，構建保護數據要素、處置網絡安全事件、打擊網絡犯罪的國際協調合作機制。向欠發達國家提供技術、設備、服務等數字援助，使各國共享數字時代紅利。積極推進網絡文化交流互鑒。

——《中華人民共和國國民經濟和社會發展第十四個五年規劃和 2035 年遠景目標綱要》

互聯網作為 20 世紀最偉大的發明之一，日益滲透到政治、經濟、社會、文化、軍事等各個領域，加速了勞動力、資本、技術、能源等要素的流動和共享，數據也成為重要要素和戰略資源，推動社會生產力發生新的質的飛躍，深刻改變了人類的生產生活方式，引領和開啟了人類歷史的新紀元。傳統的政治、經濟、社會結構面臨網絡空間帶來的全新衝擊，網絡空間的治理難度和面臨的挑戰與日俱增，全球網絡空間發展不平衡、規則不健全、秩序不合理等問題日益凸顯，各種風險層出不窮。世界範圍內侵犯個人數據隱私與知識產權，推行網絡恐怖主義，散佈虛假

[1] 根據國際電信聯盟（International Telecommunication Union, ITU）的定義，"網絡空間"（Cyberspace）是指由計算機、計算機系統、網絡及其軟件支持、計算機數據、內容數據、流量數據這些所有或部分要素創建或組成的物理或非物理領域。

信息，實施網絡詐騙等網絡違法犯罪行為成為全球的公害；保護主義、單邊主義不斷抬頭，不同國家和地區間的數字鴻溝不斷拉大。由於網絡空間的跨國界、實時性、傳遞性、交互性、開放性、共享性等特點，其風險和威脅往往容易全網蔓延，任何國家或行為體都難以獨善其身，也難以獨立應對。互聯網讓世界越來越成為"你中有我、我中有你"的命運共同體。

當前，網絡空間的治理規範仍相對滯後，現有國際治理機制難以適應快速變化的互聯網發展和國際治理形勢。如何推動全球互聯網治理體系變革進程，建設一個和平、安全、開放、合作、有序的網絡空間，實現網絡空間安全和可持續發展，成為世界各國面臨的重大戰略課題。

中國秉持共商、共建、共享的全球治理觀，積極參與網絡空間治理，主張同國際社會一道，共同推動網絡空間和平與發展，提出"攜手構建網絡空間命運共同體"的治理理念。

（一）網絡空間命運共同體理念的形成

中國國家主席習近平於 2014 年 7 月在巴西國會發表演講時指出，國際社會要本著相互尊重和相互信任的原則，通過積極有效的國際合作，共同構建和平、安全、開放、合作的網絡空間，建立多邊、民主、透明的國際互聯網治理體系。網絡空間命運共同體理念初見雛形。

2014 年 11 月，習近平主席在致首屆世界互聯網大會的賀詞裏指出："互聯網真正讓世界變成了地球村，讓國際社會越來越成為你中有我、我中有你的命運共同體。"2015 年 12 月 16 日，習近平主席在第二屆世界互聯網大會開幕式上發表演講，首次提出推進全球互聯網治理體系變革的四項原則和構建網絡空間命運共同體的五點主張，呼籲國際社會加強溝通、擴大共識、深化合作，首次提出共同構建網絡空間命運共同體。這在世界互聯網發展史上具有里程碑意義，贏得了國際社會的高度讚譽和廣泛贊同。同年 12 月 18 日，經由 ICANN（The Internet Corporation for Assigned Names and Numbers 的簡稱，互聯網名稱與數字地址分配機構）總裁、德國互聯網之父、技術社群代表和各界知名國際人士組成的高級別專家諮詢委員會（簡稱“高諮委”）提議和討論，大會組委會發佈了《烏鎮倡議》，重申和呼應了構建網絡空間命運共同體的理念，成為國際互聯網發展和治理領域的重要成果。

在此後的歷屆世界互聯網大會中，習近平主席在賀信中多次提出要構建網絡空間命運共同體，希望同國際社會一道尊重網絡主權，發揚夥伴精神，大家的事由大家商量著辦，做到發展共同推進、安全共同維護、治理共同參與、成果共同分享，不斷豐富完善網絡空間命運共同體內涵。與此同時，高諮委先後審議通過並發佈了《2016 年世界互聯網發展烏鎮報告》、“烏鎮展望”年度報告等成果性文件，積極推進構建網絡空間命運共同體的理念成為國際共識，形成網絡空間國際治理領域的“烏鎮進程”，為豐富完善網絡空間命運共同體理論研究奠定了堅實基礎。

2019 年 10 月，世界互聯網大會組委會發佈《攜手構建網絡空間命運共同體》概念文件，明確提出“構建網絡空間命運共同體”定義，深入闡釋相關時代背景、基本原則、實踐路徑和治理架構。文件結合當前互聯網發展的新技術新業態新問題和網絡空間國際治理最新態勢，細化闡釋了中國治網理念主張，提出推進落實措施倡議，積極倡導加強政府、國際組織、互聯網企業、技術社群、社會組織、公民個人等各主體的溝通與合作，充分發揮各主體的作用，堅持多邊參與、多方參與，攜手構建網絡空間命運共同體。

（二）網絡空間命運共同體理念的內涵

1. 構建網絡空間命運共同體的含義。構建網絡空間命運共同體，就是要把網絡空間建設成造福全人類的發展共同體、安全共同體、責任共同體、利益共同體。倡議世界各國政府和人民順應信息時代潮流，把握數字化、網絡化、智能化發展契機，積極應對網絡空間風險挑戰，實現發展共同推進、安全共同維護、治理共同參與、成果共同分享。

2. 構建網絡空間命運共同體的基本原則。第一，尊重網絡主權。《聯合國憲章》確立的主權平等原則同樣適用於網絡空間，應尊重各國自主選擇發展道路、治理模式和平等參與網絡空間國際治理的權利。第二，維護和平安全。堅持以和平方式解決網絡空間爭端，共同維護網絡空間的和平與安全。第三，促進開放合作。秉持開放理念，強化資源優勢互補，促進不同制度、不同民族和不同文化在網絡空間包容性發展。第四，構建良好秩序。國家不分大小、強弱、貧富，都是國際社會平等成員，都有權平等參與網絡空間國際規則制定。國際社會應共同管理和公平分配互聯網基礎資源，實現網絡空間資源共享、責任共擔、合作共治，建立公平正義的網絡空間秩序。

3. 構建網絡空間命運共同體的實踐路徑。第一，加快全球網絡基礎設施建設，促進互聯互通。利用多邊開發銀行等機制，推動全球網絡基礎設施加快普及，提升全球網絡基礎設施建設與保護的意識和水平，促進網絡知識產權保護。第二，打造網上文化交流共享平台，促進交流互鑒。充分發揮互聯網的橋樑作用，促進科技與人文交匯，加強網絡倫理和網絡文明建設，推動文明交流互鑒。第三，推動數字經濟創新發展，促進共同繁榮。推進數字化轉型，提升數字經濟包容性，打造開放互利的共同市場，消除數字鴻溝，共享互聯網發展成果。第四，保障網絡安全，促進有序發展。倡導開放合作安全理念，加強關鍵基礎設施保護和數據安全國際合作，合作打擊網絡恐怖主義和網絡犯罪，共同維護網絡空間和平和安全。第五，構建全球網絡空間治理體系，促進公平正義。堅持多邊參與、多方參與，發揮聯合國在網絡空間國際治理中的主渠道作用，完善對話協調機制，促進治理體系更加公正合理。

4. 構建網絡空間命運共同體的治理架構。政府是國家治理與國際合作的主要行為體，發揮關鍵主導作用。各國政府有權制定和實施符合本國國情的法律法規和政策措施，有權參與網絡空間規則制定等公共產品供給，推動全球數字經濟繁榮發展，管控和遏制網絡安全風險擴散。國際組織既是網絡空間國際規則制定的重要主體，也是各方開展互聯網交流合作的重要平台。各國應支持並推動聯合國等政府間國際組織的網絡空間國際規則進程，非政府間國際組織宜加強同政府間國際組織的協調互動，實現優勢互補。互聯網企業不僅是數字經濟建設的關鍵主體，也是網絡空間治理的重要參與者。互聯網企業承擔創新發展和依法治理的責任，應遵守法律法規，探索最佳實踐，促進交流合作。技術社群和社會組織等對網絡空間技術發展和公共決策起著不可替代的作用，發揮各自優勢，促進網絡空間高效運轉和創新發展。個人既是網絡服務的用戶，也是網絡行為的主體，應自覺規範網絡行為，提升網絡安全防護意識與能力。上述主體充分發揮各自作用、加強彼此溝通和合作，形成立體協同的治理結構。

網絡空間的持續發展是不可逆轉的潮流，構建網絡空間命運共同體關乎全人類的前途命運，是順應信息時代發展潮流的必然選擇，也是應對網絡空間風險挑戰的迫切需要。各國在網絡空間既有共同關切，也有不同訴求，應當在尊重彼此核心利益的前提下，謀求共同福祉，應對共同挑戰，讓互聯網更好造福世界各國人民。

（三）網絡空間命運共同體面臨的挑戰

隨著互聯網與政治、經濟、社會、民生、金融等領域關聯性的不斷增強，網絡空間面臨日益多樣化、多元化、複雜化的問題和挑戰。

1. 互聯網發展不平衡的問題依然突出。聯合國發佈的《2020年數字經濟報告》指出，世界上超過一半的國家尚未聯入互聯網或互聯網接入水平較低。不同國家和地區在互聯網普及、基礎設施建設、技術創新創造、安全風險防範、數字技能掌握等方面的發展水平極不平衡，嚴重影響和限制世界各國特別是發展中國家和欠發達國家的信息化建設和數字化轉型。

2. 數字發展政策和監管規則亟待完善。伴隨全球數字經濟的加快發展，貿易保護主義在世界範圍內迅速抬頭，許多國家的互聯網科技企業遭遇非市場規則的限制，嚴重影響全球數字經濟產業鏈的正常運行和供應鏈安全。與此同時，全球互聯網巨頭大搞行業壟斷而其社會責任卻嚴重缺失，導致消費者權益受損，並抑制了市場活力和創新發展能力。現有發展政策和監管規則的不健全不適應問題進一步凸顯。

3. 網絡文化健康發展面臨新挑戰。當前，網絡空間信任基礎面臨被破壞的威脅，社交媒體特別是個人即時通信工具廣泛使用，網絡成為虛假信息集散地，恐怖主義和暴力極端主義內容網絡傳播難以阻斷，深度偽造等技術被惡意利用，網絡謠言、頹廢文化及低俗、惡搞、荒誕甚至色情暴力等違法和不良信息，嚴重侵蝕青少年身心健康，衝擊文化傳播的正常秩序。

4. 網絡安全形勢日益嚴峻。隨著網絡空間成為人類發展新的價值要地，網絡詐騙、網絡盜竊、侵犯個人隱私等違法犯罪活動層出不窮；數據泄露、網絡攻擊、勒索病毒等全球性網絡安全事件頻發；網絡黑客呈現出規模化、組織化、產業化和專業化等發展特點，攻擊手段日益翻新，攻擊次數日益頻繁，攻擊規模日益龐大。網絡空間安全問題日益突出，對全球經濟社會發展造成的影響越來越大。

5. 互聯網治理體系變革亟待推動。受西方發達國家網絡技術壟斷和各類規則的限制，發展中國家在網絡空間的話語權嚴重不足。特別是當前網絡空間霸權主義、強權政治與新冠肺炎疫情產生疊加效應，進一步凸顯了互聯網治理體系落後、能力弱化、機制欠缺等突出問題，給互聯網的未來發展帶來很大的不確定性。面對複雜的國際環境，越來越多的國家認同、支持和維護網絡主權，國家行為體和非國家行為體全面參與治理進程的訴求不斷提高，國際社會對變革互聯網治理體系的呼聲也就越高。

構建網絡空間命運共同體既面臨上述網絡空間本身的挑戰，又面臨以下幾對矛盾：

首先是網絡霸權與網絡主權的矛盾。中俄等國支持聯合國在建立互聯網國際治理機制方面發揮重要作用，倡導尊重網絡主權，建立多邊、民主、透明的互聯網治理體系，卻遭到以美國為首的西方陣營的抵制，它們主張“多利益相關方”的治理模式，忽略政府的重要作用，實則是反對別國捍衛網絡主權，藉機維護其網絡霸權，阻止互聯網資源被平等分配，阻礙新興國家參與制定互聯網國際規則，帶來全球性網絡安全、網絡犯罪事件頻發，網絡巨頭和私人資本逃避網絡監管等問題。

其次是網絡自由與網絡安全的矛盾。網絡的本質在於互聯，信息的價值在於互通。網絡犯罪、網絡恐怖事件時有發生，甚至攻擊一國網絡系統的行為也時有發生。如何實現網絡自由與安全的辯證統一任重道遠。網絡自由與安全的矛盾也發生在西方內部，比如美國的互聯網壟斷與歐洲互聯網監管的矛盾。歐盟擔心，夾在美國與中國數字發展模式間，自己如何探索第三種模式？

最後是先發與後發的矛盾。發展中國家人口佔世界人口總數的 80%，而互聯網用戶數只佔全球用戶數的 43%。聯合國數據表明，現在全球有超過 1/3 的人尚未接入互聯網，雖然發達國家已有 80% 的人接入互聯網，但最不發達國家接入互聯網的比例不到 20%，不少發展中國家甚至為缺電而困擾。中國提出數字“一帶一路”倡議，大力推進互聯網基礎設施建設，消除信息壁壘，縮小“數字鴻溝”，讓信息資源充分湧流，讓更多發展中國家和人民通過互聯網掌握信息、獲取知識、創造財富。一些西方國家卻污名化“一帶一路”，阻礙後發國家分享數字紅利。

更尖銳的是霸權體系的阻礙。美國以安全為理由迫使其盟友棄用華為設備，還推行“清潔網絡計劃”，試圖打造全球技術供應鏈和網絡空間的“去中國化”，國際社會擔心“矽幕”取代“鐵幕”，引發“新冷戰”；“一個世界、兩大體系”（一個是以美國為核心的政治、經濟、意識形態、互聯網體系，另一個是“一帶一路”體系）、三大陣營（中、美兩極及其他游離國家）是否正在形成？美國想繼續實施對世界的網絡控制，逼迫盟友在中美間站隊的做法越來越不得人心，連歐盟近年來都開始強調戰略自主，反對脫鉤、新冷戰。

中國倡導網絡空間國際合作，切實推進網絡空間命運共同體建設。一是堅定捍衛多邊主義。中國支持聯合國在網絡空間全球治理中發揮主導作用，以建設性態度積極參與聯合國信息安全開放式工作組和政府專家組進程，推動聯合國開啟打擊網絡犯罪全球公約討論進程。中國積極參與聯合國互聯網治理論壇年會及論壇多利益攸關方諮詢組工作，中國社群成立“中國互聯網治理論壇”，為互聯網國際治理貢獻力量。二是積極開展雙邊及區域對話。中國與俄羅斯、歐盟舉行雙邊網絡事務對話，舉行中國、日本、韓國三方網絡事務對話。中國積極推動金磚國家新工業革命夥伴關係建設，推動金磚國家網絡安全工作組持續取得進展。中國還深入參與上海合作組織、東盟地區論壇框架下網絡安全進程，以及二十國集團、亞太經合組織數字和網絡問題討論。三是倡導共建“數字絲綢之路”，加強 5G、大數據、人工智能、雲計算等領域合作，推進數字基礎設施、跨境電商、數字治理等領域的國際合作。四是提出《全球數據安全倡議》，提出全球數字治理應遵循的“秉持多邊主義、兼顧安全發展、堅守公平正義”三原則。五是提出《攜手構建網絡空間命運共同體行動倡議》，圍繞“四個共同”細化出 20 條倡議，強調採取更加積極、包容、協調、普惠的政策，加快全球信息基礎設施建設，推動數字經濟創新發展，提升公共服務水平；倡導開放合作的網絡安全理念，堅持安全與發展並重，共同維護網絡空間和平與安全；堅持多邊參與、多方參與，加強對話協商，推動構建更加公正合理的全球互聯網治理體系；堅持以人為本、科技向善，縮小數字鴻溝，實現共同繁榮。

“沒有網絡安全就沒有國家安全，沒有信息化就沒有現代化。”各國、各行為體在增進互信、推進對話與協作的基礎上，建立起一套與國家安全及經濟社會利益相契合的國際治理體系，加強團結協作、維護網絡空間公平正義、共享數字紅利，攜手構建網絡空間命運共同體，成為維護全球網絡空間安全穩定發展的必要途徑。

四、中非命運共同體

中國是世界上最大的發展中國家，非洲是發展中國家最集中的大陸。中國與非洲是天然命運共同體。近代，中國與非洲均遭受過西方殖民者的入侵。當代，中國與非洲共同推動反帝反殖反霸的鬥爭，推動建立國際政治經濟新秩序。

進入新時代，中國與非洲迎來構建更加緊密的中非命運共同體的時代機遇。

（一）為何要構建中非命運共同體？

非洲經歷長期探索，絕大部分國家都還在尋找符合自身國情的發展道路。面對英國“脫歐”和美國的“美國優先”，非洲國家對西方模式相當失望，擔心西方援助下滑，於是紛紛向東看，從發展靠援助到學習借鑒中國既實行改革開放又保持自主發展的經驗，中非友好互利合作進入新階段。

一是非洲正成為與中國開展基礎設施和國際產能合作的示範。在埃塞俄比亞首都亞的斯亞貝巴，街邊到處是中國建造集團的標語和吊車。非盟總部也是中國建造的傑作，總部附近，一家安徽企業的標語十分醒目。市內，輕軌、高架橋，市外，高速公路、收費站、路燈，到處都充滿了中國氣息。更不用說非洲第一條電氣化鐵路——亞吉鐵路，它是中國企業首次在海外採用全套中國標準和中國裝備建造的現代鐵路。中非合作因而成為“一帶一路”倡導的國際合作的示範。把中國資金、技術、市場、企業、人才和成功發展經驗等相對發展優勢同非洲豐富的自然資源、巨大的人口紅利和市場潛力緊密結合起來，必將創造出新的發展奇跡。中國的現代化經驗最為鮮活，與非洲合作的政治基礎最好，中國夢正激勵和塑造著非洲奇跡、非洲夢。"一帶一路"國際合作是世界的"希望工程"，非洲是希望的大陸，與"一帶一路"倡議進行目標、任務、經驗、理念對接最為積極。埃塞俄比亞、坦桑尼亞、肯尼亞成為中非產能合作先行先試示範國家。在中非合作論壇約翰內斯堡峰會上宣佈的中非"十大合作計劃"中，高速公路網、高速鐵路網、區域航空網、基礎設施工業化的"三網一化"，正在推進非洲的橫向互聯互通和區域合作，改變非洲在全球化進程中被邊緣化的命運，打造非洲版全球化：Made in Africa with China for the world（和中國合作實現非洲製造，為世界製造）。

二是非洲可成為世界的糧倉。非洲可耕地面積近 8 億公頃，開發利用率只有 27%。中國可以運用自己的經驗和技術，幫助非洲加速農業現代化進程，並完全有可能在幫助其解決溫飽問題後，進而將其打造成"世界的糧倉"。當然，此舉也會有利於中國的糧食安全。中國可以在"一帶一路"框架下，通過農機、化肥等優質富餘產能走進非洲，通過規模農業幫助非洲國家打破部落分割，形成規模效應，逐步解決非洲的"三農問題"，不斷改變二元經濟和社會結構二元性——經濟基礎薄弱，而上層建築西方化——幫助非洲實現農業現代化，幫助非洲脫貧致富。非洲資源豐富，生物多樣性在全球首屈一指，中國可以通過與非洲加強中醫藥合作，推動中醫走向世界，服務於健康絲綢之路建設。

三是非洲是中外模式互學互鑒的重要試點。儘管中國並不輸出發展模式，而是鼓勵非洲國家走符合自身國情的發展道路，但非洲不少國家願意學習借鑒中國發展經驗，尤其是埃塞俄比亞等傳統歐洲宗主國勢力薄弱的國家。埃塞俄比亞是沒有被西方殖民的少數非洲國家之一，具有反抗外來入侵者的光榮鬥爭歷史（非盟總部因而設在埃塞俄比亞），十分羨慕中國走符合自身特色的發展道路。2010 年，埃革陣（埃塞俄比亞人民革命民主陣線的簡稱）在多黨議會選舉中獲勝後，著手制訂並實施首個 5 年“經濟增長與轉型計劃”，著力加強水電站、鐵路等基礎設施建設，加快製造業發展，目標是到 2025 年成為中等收入國家。2015 年，首個 5 年“經濟增長與轉型計劃”圓滿收官。從 2016 年起實施第二個 5 年“經濟增長與轉型計劃”。這是學習中國“五年規劃”的典範。埃塞俄比亞東方工業園區內的華堅集團，給數千埃塞俄比亞人提供了就業機會，廠房標語“高度民主，理性決策，絕對集中，堅定執行”可以說是中國模式的寫照。2017 年 6 月 21 日，中非減貧發展高端對話會暨中非智庫論壇開幕式在亞的斯亞貝巴非盟會議中心舉行，來自非洲各國的官員、記者和智庫領袖邊讀習近平著作邊反思：“真羨慕中國，黨與人民同心同德。”“非洲陷入多黨制困境，凡是發展得不錯的，都是長期執政的政黨帶來政局穩定，政策長遠，比如烏幹達、埃塞俄比亞。”“非洲國家政黨解放、獨立時期表現不錯，執政後就脫離群眾了。”……這些反思既對照中國共產黨的成功經驗，又對照今日西方民主之窘境，集中於檢討非洲的多黨制民主弊端，中國學者也從中更堅定“四個自信”，借鑒非洲經驗完善自身發展模式，中非發展模式互學互鑒蔚然成風。結合自身五大發展理念，中國創造性提出共同發展、集約發展、綠色發展、安全發展、開放發展五大合作發展理念，成為中非合作發展的新共識。

當然，對中國而言，幫非洲就是幫自己。中非協同發展，是實現聯合國 2030 年可持續發展目標的客觀要求。作為發展中國家最集中的大陸，非洲有近 4 億人民生活在貧困線以下，渴望分享中國脫貧經驗。中非雙方攜手，是我們這一代人對子孫後代承擔的責任，是中非人民為之奮鬥的共同目標，也是人類社會進步發展的必然要求。同時，非洲問題事關中國國家安全和世界的和平與發展。非洲人口增長率很高，如果經濟增長率達不到一定水平，大量年輕人失業，將成為世界性問題，給中國在非洲投資和海外利益造成衝擊。非洲既是希望的大陸，也是充滿挑戰的大陸。當前中非合作發展勢頭良好，是我們著眼全局、加速推進“一帶一路”的戰略機遇期。

總之，建設人類命運共同體，具有時代的必要性：建設非洲疾控中心總部，同非方一道實施好中非合作論壇框架內“健康衛生行動”，加快中非友好醫院建設和中非對口醫院合作，共同打造中非衛生健康共同體。也具有現實可能性：政治上，保護發展中國家權益和話語權；經濟上，讓非洲命運自主；文化上，中非文明交流互鑒。

（二）中非命運共同體是什麼？

習近平主席在 2018 年中非合作論壇北京峰會開幕式上的主旨講話中指出，中非早已結成休戚與共的命運共同體。我們願同非洲人民心往一處想、勁往一處使，共築更加緊密的中非命運共同體，為推動構建人類命運共同體樹立典範。

第一，攜手打造責任共擔的中非命運共同體。要擴大各層級政治對話和政策溝通，加強在涉及彼此核心利益和重大關切問題上的相互理解和支持，密切在重大國際和地區問題上的協作配合，維護中非和廣大發展中國家共同利益。

第二，攜手打造合作共贏的中非命運共同體。要抓住中非發展戰略對接的機遇，用好共建“一帶一路”帶來的重大機遇，把“一帶一路”建設同落實非洲聯盟《2063 年議程》、聯合國 2030 年可持續發展議程以及非洲各國發展戰略相互對接，開拓新的合作空間，發掘新的合作潛力，在傳統優勢領域深耕厚植，在新經濟領域加快培育亮點。

第三，攜手打造幸福共享的中非命運共同體。要把增進民生福祉作為發展中非關係的出發點和落腳點。中非合作要給中非人民帶來看得見、摸得著的成果和實惠。長期以來，中非一直互幫互助、同舟共濟，中國將為非洲減貧發展、就業創收、安居樂業作出新的更大的努力。

第四，攜手打造文化共興的中非命運共同體。中非都為各自燦爛的文明而自豪，也願為世界文明多樣化作出更大貢獻。我們要促進中非文明交流互鑒、交融共存，為彼此文明復興、文化進步、文藝繁榮提供持久助力，為中非合作提供更深厚的精神滋養。要擴大各界人員交往，拉緊中非人民的情感紐帶。

第五，攜手打造安全共築的中非命運共同體。歷經磨難，方知和平可貴。中國主張共同、綜合、合作、可持續的新安全觀，堅定支持非洲國家和非洲聯盟等地區組織以非洲方式解決非洲問題，支持非洲落實“消弭槍聲的非洲”倡議。中國願為促進非洲和平穩定發揮建設性作用，支持非洲國家提升自主維穩維和能力。

第六，攜手打造和諧共生的中非命運共同體。地球是人類唯一的家園。中國願同非洲一道，倡導綠色、低碳、循環、可持續的發展方式，共同保護青山綠水和萬物生靈。中國願同非洲加強在應對氣候變化、應用清潔能源、防控荒漠化和水土流失、保護野生動植物等生態環保領域交流合作，讓中國和非洲都成為人與自然和睦相處的美好家園。

中非政治共同體——兩大力量、中非經濟共同體——兩大市場、中非文明共同體——兩大文明，是打造中非命運共同體的三大支柱，可成為推動中非全面戰略夥伴關係發展的強大動力。

（三）何時構建中非命運共同體？

1. 短期。構建中非命運共同體，短期內從非洲繼續推進的脫貧致富任務開始，陸海聯通、洲際聯動是抓手，實現非洲與世界的發展大聯動、成果大分享。

2. 中期。構建中非命運共同體，不僅是實現中非命運與共，也是實現非洲與世界命運與共的過程，中期目標是通過中非合作八大行動計劃，幫助非洲實現聯合國 2030 年可持續發展目標。

3. 長期。構建中非命運共同體是中國夢與非洲夢對接的過程，實現中國“兩個一百年”奮鬥目標與非洲 2063 年計劃的對接，助力非洲實現工業化、現代化。

（四）如何構建中非命運共同體？

構建中非命運共同體應虛實結合、短長期結合，虛的包括治國理政經驗分享、政黨對話、脫貧經驗分享等，甚至聯合辦培訓班，共同提升中非在全球治理中的話語權，提升中國在非洲的影響力。實的包括“一帶一路”的推進：互聯互通、國際產能合作、戰略對接、裝備製造業合作等。2019 年 7 月非洲大陸自由貿易區的成立和 2020 年底中國政府同非盟簽署的共建“一帶一路”合作規劃，為構建中非更緊密的命運共同體插上了騰飛的翅膀。

可以嘗試中歐、中日、中韓合作開發非洲第三方市場，尤其可藉助澳門—葡語國家聯盟、法語聯盟橋樑，藉助香港“超級聯繫人”角色，打造中葡、中法、中英開發非洲第三方市場樣板，構建中非命運共同體建設的多邊渠道。歐洲國家擁有高端技術，而中國製造能力及高端技術市場化能力非常強，兩者結合才能贏得更大市場，規避兩者的競爭。

眾所周知，當今世界格局中，作為最大發展中國家的中國已經進入了工業化中期，擁有處在世界中端的工業生產線和裝備製造水平。在這方面，法國等發達國家處於高端水平，而共建“一帶一路”的大多數國家尚處在工業化的初期。中法合作開發非洲第三方市場，使全球產業鏈首尾相顧。將中國的中端裝備與法國的先進技術和核心裝備結合起來共同開發非洲（歷史上，非洲大陸半數地區是法國的殖民地）的第三方市場，能彌補中國在語言、法律與運營等環境上不熟的短板，使三方優勢都得以很好發揮：於中國而言，意味著存量資產得到盤活，產業鏈邁向中高端；於法國而言，意味著更多的出口與就業；於第三方市場而言，則意味著獲得更高性價比的裝備與工業生產線，滿足自身工業化的需求。因此，中歐合作開發第三方市場使中國在全球分工體系中的橋樑角色凸顯，以南北合作推動南南合作。

當然，三方合作要強調非洲主導、平等開放。最持久的合作往往是各取所需的合作，第三方市場合作就是這樣一種合作，會產生 1+1+1>3 的效果：聯合發展中國家與發達國家的國際產能和第三方合作，將會調動更大範圍的力量，甚至有可能成為化解世界經濟頹勢的鑰匙。

當然，中非命運共同體建設也面臨二元性挑戰。

非洲深受西方的影響，經濟基礎是南方的，意識形態和上層建築卻是北方的，往往存在宗主國崇拜現象。如果中國與“一帶一路”沿線國家只是通過西方相互了解，“一帶一路”建設將困難重重。現在許多非洲朋友對中國的理解還停留在“文革”時代，擔心中國輸出革命、輸出意識形態。事實上，對中國抱有上述看法的非洲人絕大多數都沒到過中國，更談不上了解中國。可見，民心相通的關鍵是直接溝通，絕非藉助西方的概念和價值想像對方。

一朝被蛇咬尚且十年怕井繩，更何況上百年的殖民歷史記憶！一些非洲國家對“一帶一路”倡議尚有疑慮其實也是歷史記憶的現實投影，非洲被殖民者害慘了，怕再次被殖民。再加上外國媒體的渲染和對中國缺乏了解，一些非洲朋友將“一帶一路”倡議和殖民主義進行類比也就不難理解了。這種受害者情結導致非洲國家拒絕中歐合作開發非洲第三方市場，生怕被兩大巨頭玩弄，甚至說這是新老殖民者聯手殖民非洲。

非洲朋友的疑慮，是因為他們不知道中國的“一帶一路”倡議完全不同於近代西方的殖民做法。首先，中國沒有殖民別人的文化基因。當年擁有世界上最強大船隊的鄭和都未殖民非洲，今天更不會。其次，“一帶一路”倡議遵循共商、共建、共享的原則，打造利益共同體、責任共同體、命運共同體。中國是最大的發展中國家，非洲是發展中國家最為集中的大陸，中非是天然的命運共同體和發展共同體，根本不存在殖民主義的問題。最後，在中華人民共和國成立以來建立的獨立國防和工業體系基礎上，經過 40 年的改革開放，中國實現了人類歷史上最大規模的工業化，開創了沒有殖民擴張、戰爭掠奪而實現工業化的奇跡，這種不同的工業化路徑決定了中國不會在非洲推行殖民主義。

為打消疑慮，引發思考，我們可以問非洲朋友兩個問題：一、非洲不缺資源，為何不能像中國實行改革開放那樣引進西方資金與技術，補齊經濟發展的各種要素，從而實現現代化？二、為什麼歐洲一體化了，而宗主國之間的一體化卻不能帶來非洲的一體化？事實是，上述兩個問題的關鍵，在於非洲國家沒有實現互聯互通。而如果用一個詞來概括"一帶一路"國際合作的話，恰恰就是"互聯互通"。先說互聯，西方殖民以來，非洲國家都是與歐洲宗主國聯繫，彼此間的相互聯繫很少，甚至兩個接壤的非洲國家的首都都沒有實現直航，而是要繞道法國巴黎。非洲內部貿易只佔非洲各國對外貿易總額的不到 15%。"一帶一路"國際合作有助於糾偏殖民體系下非洲國家與宗主國之間分割的縱向聯繫，加強非洲內部的橫向聯繫。再說互通，非洲被殖民以後，逐漸成為西方國家的資源和原材料的來源地。歐洲一體化並未帶來宗主國在非洲殖民體系的一體化，非洲市場仍被西方殖民者分割。因此聯繫依然是單向的、分割的。"一帶一路"國際合作從基礎設施互聯互通入手，以點帶線，以線帶片，讓非洲市場聯通起來，從而幫助非洲獲得內生發展動力，實現工業化，真正脫貧致富。

除了內部的互聯互通外，"一帶一路"國際合作還會給非洲帶來兩大效應：陸海聯通，洲際聯動。

近代由歐洲人開創的全球化實際上是海洋型全球化，廣大內陸國家難以分享這種全球化的紅利。2013 年 9 月，習近平主席在世界上最大的內陸國——哈薩克斯坦提出共建絲綢之路經濟帶，意在扭轉這種不平衡的全球化。蒙內鐵路連接肯尼亞首都內羅畢和東非第一大港蒙巴薩港，通過陸海聯通讓肯尼亞內地和東非尋找到出海口，融入全球價值鏈，進而實現經濟騰飛。亞吉鐵路將埃塞俄比亞從陸鎖國變成陸聯國。

非洲不但沒能深度參與西方主導的全球化進程，反而被邊緣化了。歐洲由於資源匱乏，其技術創新以節約資源和原材料為導向；美國的自然資源相對豐富，其創新以節省勞動力為主要考量。而勞動力價格低、資源豐富又恰恰是非洲最主要的優勢，因此非洲不斷被邊緣化。機器人和人工智能時代的來臨將在未來十幾年內取代非洲的比較優勢，"一帶一路"國際合作就成了非洲實現工業化必須抓住的最後機遇。此外，"有為政府＋有效市場"雙輪驅動的中國模式也有助於改變非洲國家被邊緣化的處境。一些地處內陸的發展中國家，按市場經濟規律是很難獲得國際金融機構貸款的。但是中國的國有銀行可以提供開發性金融貸款，從改善基礎設施開始，逐步培育市場經濟所需的環境。在這一過程中，只有中國能為非洲國家提供"第一桶金"，改變它們被全球化邊緣化的命運。

"一帶一路"國際合作的成功也折射出時代矛盾——世界公共產品供給缺口日益擴大，但美國領導能力、意願、誠信卻全面下滑，這在亞投行問題上充分表現出來。亞洲基礎設施建設每年有 1.4 萬億美元的缺口，中國倡導的亞投行才會取得如此成功。不僅如此，"一帶一路"倡議旨在解決人類重大關切，實現聯合國 2030 年可持續發展議程，這就使得它獲得了最高合法性。在全球化逆轉背景下，"一帶一路"倡議就成為全球金融危機後最可行、最有影響力的國際合作倡議，引領了世界經濟走出低迷、振興國際和區域合作的大方向，也給全球投資者帶來了希望。

總之，"一帶一路"國際合作正在改變非洲命運：使非洲從被全球化邊緣化到全球化的本土化，從政治上站起來到經濟上站起來，真正去殖民化。正如中非共同發起的"支持非洲發展夥伴倡議"所預示的，中國的今天某種程度上就是非洲的明天，這正是中非命運共同體的內涵。

第十章

構建人類命運共同體的挑戰

構建人類命運共同體是一個歷史過程，不可能一蹴而就，也不可能一帆風順，需要付出長期艱苦的努力。為了構建人類命運共同體，我們應該鍥而不捨、馳而不息進行努力，不能因現實複雜而放棄夢想，也不能因理想遙遠而放棄追求。

——習近平

人類命運共同體理念日益深入人心，新冠肺炎疫情暴發後更是得到國際社會的廣泛認同。與此同時，對人類命運共同體的誤解、質疑和抵制也在抬頭。疫情展示的民族主義、大國博弈和全球治理混亂，以及疫情加劇逆全球化和政治極化、社會分裂，讓很多人覺得構建人類命運共同體太過理想、太空洞，作為口號可以，實踐起來困難重重。

如何進一步統籌推進構建人類命運共同體，要處理好以下十大關係：

（一）自信與自覺的關係

人類命運共同體理念的提出，是“四個自信”在世界觀上的體現，也是中國立己達人品格的展示。我們有了“四個自信”，希望其他國家也有“四個自信”。歐盟將中國視為“制度性對手”，更是將中國列為制度敵手，這是缺乏“四個自信”的體現。自信是自覺的前提，自覺是自信的昇華。“各美其美，美人之美，美美與共，天下大同”的前提是自己覺得自己美，成為自己，實現命運自主，才能成人之美，命運與共。

（二）消極與積極的關係

人類命運共同體不是一個消極的命運共同體，而是一個積極的命運共同體，不能無為而治，畢竟當今世界是地球村而非小國寡民，要在共同利益基礎上塑造共同身份、共同使命，而且還要通過偉大鬥爭去爭取。構建人類命運共同體是在防止最壞——流浪地球和追求最好——世界大同之間的選擇。

（三）名與實的關係

在構建人類命運共同體過程中，要實現名與實的統一，凝聚和平、發展、公平、正義、民主、自由的全人類共同價值。"一帶一路"國際合作是構建人類命運共同體的重要機制。因此，簽署共建"一帶一路"合作備忘錄後，越來越多國家也與中國簽署了共同構建人類命運共同體的合作文件。

（四）繼承與超越的關係

人類命運共同體理念繼承了中國傳統天下大同思想又超越了文明差序格局，繼承了各種宗教文明的共同體思想又超越了其同質性、排他性思維，繼承了近代國際體系、國際法思想又超越了民族（主權）國家單元及其雙邊邏輯，乃最具包容性的多邊主義價值依歸，繼承了中國獨立自主的和平外交傳統又結合新時代予以超越，基於國家又超越國家思維，基於目標導向又關注現實問題，超越外交、國際思維而探尋人類共同身份、價值、使命。

（五）破與立的關係

構建人類命運共同體破中有立，正如區塊鏈和萬物互聯技術在破美國聯盟體系的依附結構，新冠肺炎疫情也證明美國無法給盟友提供抗疫的安全保護，甚至還搶奪其抗疫物資，破壞抗疫全球合作。同時，構建人類命運共同體並非推翻重來，而是強調開放包容，尊重國家主權和各國核心關切，更多著眼於從新的領域

“立”而非舊領域“破”：先從網絡空間命運共同體、海洋命運共同體等著手。

（六）知與行的關係

中國秉承知行合一理念，始終是世界和平的建設者、全球發展的貢獻者、國際秩序的維護者，推動“一帶一路”國際合作，構建全球互聯互通夥伴網絡，既是人類命運共同體的倡導者，也是積極踐行者。展望未來，要處理好中國國家利益與人類命運共同體的關係、中華民族共同體與人類命運共同體的關係，在危機中育新機，在變局中開新局。

（七）難與易的關係

構建人類命運共同體不可能一蹴而就，而是要循序漸進，從周邊開始，從發展中國家最集中的非洲大陸取得早期收穫，通過政黨對話和民心相通手段，逐步擴展到發達國家。在國家層面，中國與越來越多的友好夥伴如老撾、柬埔寨、緬甸、巴基斯坦等構建起雙邊命運共同體；在地區範圍，各方已就打造周邊、亞太、中國—東盟、中非、中阿、中拉命運共同體達成共識；在全球領域，中方倡議構建網絡空間、核安全、海洋、衛生健康等命運共同體，得到積極響應。

（八）硬與軟的關係

當今世界，各國相互聯繫、相互依存日益緊密，人類越來越成為你中有我、我中有你的命運共同體。然而，近來西方炮製的中國銳實力悖論，反映出他們不甘心接納中國倡議、中國方案的頑固性和保守性。有人據此擔心，中國缺乏倡導並踐行人類命運共同體理念的硬實力。歷史經驗表明，前瞻性、包容性理念不見得等到綜合國力第一時才能引領國際合作未來。實踐是檢驗真理的唯一標準。人類命運共同體理念正在實踐中不斷完善。正如

"一帶一路"倡議強調硬聯通的同時也日益重視軟聯通，構建人類命運共同體也要從物質文明、制度文明和精神文明同時著手，平衡有序推進。

（九）目標與過程的關係

人類命運共同體不只是目標，也是過程。在知識經濟時代，是一種"自組織"的創新組織模式，塑造"你中有我，我中有你"的跨界融合共同體。新冠肺炎疫情告訴我們，人類已經是休戚與共的命運共同體。與此同時，新冠肺炎疫情也揭示了全球供應鏈、產業鏈的不穩定不確定性，各國越來越關注 safety（管理型安全）而不只是 security（防禦型安全），排他性的、區域性的安排興起，全球化遭遇重大調整。我們需要什麼樣的全球化？全球化治理為誰治理？構建人類命運共同體不能搞路徑依賴，更不能搞觀念依賴，要創新手段和思維，創造條件去積極推進，實現目標與過程的統一。構建人類命運共同體必須推行包容性多邊主義，兩者是"一多不分"的關係。

（十）有我與無我的關係

習近平主席深刻闡述的構建人類命運共同體理念，既承載著中國對建設美好世界的不懈追求，也反映了各國人民對世界新秩序的美好期待，受到國際社會特別是廣大發展中國家的普遍歡迎和廣泛支持。一方面，構建人類命運共同體不是外交辭令，而是實現中國夢的內在要求，是中國特色社會主義的應有之義，鮮明體現了當代中國共產黨人的全球視野。另一方面，構建人類命運共同體是馬克思真正的世界歷史、自由人聯合體思想的當代實踐，我們要秉承"我將無我，不負人類"的追求予以自覺構建。

以上十大關係中，尤其要重點處理好名與實、破與立、知與行的關係。

一、名與實

德國歷史學家斯賓格勒在《西方的沒落》一書中寫道："民族彼此之間的了解也像人與人之間的了解一樣是很少的。每一方面都只能按自已所創造的關於對方的圖景去理解對方，具有深入觀察的眼力的個人是很少的、少見的。"[①] 人類命運共同體起初翻譯為 Community of Common Destiny，容易引發宗教上的誤解，現在譯成 Community of Shared Future for Mankind 就好了很多，但也只闡釋了"運"的含義，缺乏"命"所帶來的身份認同內涵。

在歐洲語言中，共同體一詞來源於拉丁語"communis"的派生詞"commūnitās"，前者意為"共同的"、"普遍的"、"公共的"、"被眾多人分享的"，後者意為"公共精神"、"共同的"等。其中，"-itās"是一個表示狀態的後綴，前綴"com-"是前綴"con-"根據語音的變體，在拉丁語中指的是"將多種客體匯聚到同一處"，更古老的形式為"kóm"，意為"隨著"、"伴隨"、"緊接"。而其詞根為"mūnus"，指的是"承擔"、"責任"、"職責"等，該詞根來自古老的"mey-"，指的是"改變"、"交換"。[②]

在當代英語中，《劍橋英語詞典》中現代的"community"指的是"the people living in one particular area or people who are considered as a unit because of their common interests, social group, or nationality"（聚居在一個地區的群體，或因共同的利益、群體、國籍而被視為一個整體的人群）。[③] 從詞源本身出發，我們

① 〔德〕奧斯瓦爾德・斯賓格勒：《西方的沒落》，齊世榮等譯，商務印書館 1963 年版，第 308 頁。

② Wiktionary."community", https://en.wiktionary.org/w/index.php?title=community&oldid=61673109.

③ Cambridge English Dictionary. "community", https://dictionary.cambridge.org/dictionary/english/community.

可以看到，西方"共同體"在最初的意思更接近於滕尼斯所言的"gemeinschaft"，即依靠情感、熟人關係等聯結出來的集體組織。在現代性的轉變中，共同體概念已經發展成為意義更廣闊，包括地理、利益、國籍、身份等多重內涵的組織性群體。這一概念與我們自身對共同體的理解也並不完全一致。因此，要將人類命運共同體理念在世界傳播，需要把握好中西對"共同體"本身理解的差異。

為什麼人類命運共同體理念一時難以被接受？人類命運共同體理念為何難傳播？究其原因，有以下方面：

（一）整個世界幾乎都曾被西方殖民

因為被西方殖民過，發展中國家普遍存在明顯的二元性：經濟基礎落後而上層建築是西方那套，存在宗主國崇拜現象，儘管對"一帶一路"建設充滿希望，對構建人類命運共同體亦難理解和認同！傳播人類命運共同體採取全球層面的農村包圍城市策略，也面臨巨大挑戰。

北京外國語大學田辰山教授曾論述"西方人理解中國文化的障礙在哪裏"。他指出：近代以來發生西方誤讀中國，不少中國人也尾隨西方，與自己文化漸行漸遠，都因為是用西方現代概念話語框架講述中國，這其實是對中國文化的"不對稱"認知、解讀和講述。"不對稱"話語是障礙，原因是在宇宙觀、認知方法、思想方式、價值觀和語言結構上，它與中國文化不同。它敘述的是"兩個世界"、"天人為二"，它是超然絕對主義與個體獨立二元主義的敘事話語，也叫作"一多二元"話語。"一多二元"："一"指"上帝"式唯一神或唯一真理，"多"是"一"派生出的"一切單子個體"，"二元"是一切個體之間"碰撞、衝突、對立"。然而中華傳統思想文化不是"一多二元"，而是"一多不分”，也即“一個世界”、“天人合一”，是以中和關係為本的宇宙認識、認識方法、思維方式、崇尚觀和語言話語。“一”是萬物相繫不分、渾然而一，“多”是相互聯繫的多樣狀，“不分”是“多中有一”及“一中有多”。要是對中國與印歐西方特質的“一多不分”與“一多二元”沒有了解，只是簡單站在自己文化特質一邊去解讀對方，就會構成文化理解的障礙。這種例子舉目皆是。這是中西文化互相對待之時必須具備的問題意識。

美國漢學家安樂哲教授也指出：“中國思想文化傳統的特點，可以用一句話說，就是西方的自古希臘哲學傳統的特點，不是她的特點。印歐傳統講服從，講兩個世界，人的世界服從神的世界，是天人為二；中國講相繫不分，講一個世界，講天人合一。”如果用“兩個世界”、“天人為二”的敘事話語講述中國“一個世界”、“天人合一”思想，話語就不對頭，就是理解中國的障礙。

因此，儘管古羅馬哲學家塞內加也有“我們是同海之浪，同樹之葉，同園之花”的說法，但是這個“我們”甚至不包括古羅馬的奴隸。我們只有上升到“人類”層面，才不會產生排他性認識。

（二）因為是中國提出的

如果不是中國提出的，人類命運共同體也不會引發如此多的關注；也正因為是中國提出的，許多對中國的誤解也體現在對人類命運共同體理念的疑慮與誤讀。一些人反對中國提出的任何理念，包括人類命運共同體。尤其是人類命運共同體理念被寫進《中國共產黨章程》後，以美國為首的西方國家更是將其視為意識形態鬥爭的象徵。這很遺憾，因為人類命運共同體理念本來是超越意識形態的。

美國著名考古學家羅伯特·L. 凱利在總結了 600 萬年以來人類歷史的發展後，觀察到每一次人類技術進步帶來的都是人類社會組織形式的變革。他大膽預測，由於互聯網等技術的進步導致全球化的深入發展，人類即將迎來第五次組織形式的變革，人類將生活在一個共同體的未來。美國並不否認人類必將進入共同體時代，它抵觸的是由中國提出的作為政治符號的"人類命運共同體"。

（三）路徑依賴

美好的願望不能掩蓋嚴峻的現實。人類命運共同體明明是告別近代、走出西方的理念，卻面臨國內外舊思維的挑戰。小國覺得，自己的安全都管不了，還管人類？大國覺得，人類的提法是否是在稀釋我的權力？中等強國則擔心，命運自主是要我脫離美國聯盟體系，在中美博弈中被迫站隊？學者質疑人類命運共同體的理論、機制是什麼，如何包容差異性？

為什麼人類命運共同體理念難以被接受？國際體系和國際思維的路徑依賴現象非常明顯。概括起來，對人類命運共同體至少有十大誤解：

人類命運共同體是共產主義。

人類命運共同體是新天下主義。

人類命運共同體是搶全球化話語權。

人類命運共同體是中國稱霸世界的口號。

人類命運共同體是中國輸出模式的幌子。

人類命運共同體是"一帶一路"的擴張掩護。

人類命運共同體是讓各國命運鉚在中國身上。

人類命運共同體是為終結自由國際秩序。

人類命運共同體是新的人類中心主義。

人類命運共同體是烏托邦。

世界上談論“一帶一路”倡議鮮有將其與構建人類命運共同體掛鉤。為什麼人類命運共同體理念不如“一帶一路”倡議那麼容易被世人所接受？比如，歐洲人即便接受“一帶一路”倡議，也不接受人類命運共同體理念，甚至將中國視為“制度性對手”（systemic rival），為什麼？特朗普時期的美國還發佈《美國對中華人民共和國的戰略方針》，公然推行將中國共產黨與中國人民分開戰略。背後的邏輯是：

美國：唯獨你是未被皈依的異類體制，還要推廣中國模式！

歐盟：唯獨你是未被殖民的古老文明，還要偉大復興！

西方民主是建立在同質性基礎之上的，解決問題的途徑為“皈依”，而中國講求“有教無類”、“天下無外”，不分種族制度意識形態，追求人類命運共同體。

窮則變——西方知識建立在同質性基礎上，面對百年未有之大變局陷入窘境，因為當今世界的差異性日益顯著，且無法被西方普世價值收編。要世人認可人類命運共同體理念，就要建構人類新的知識體系，難度可想而知！從互聯互通到和合共生，最終實現大同，任重道遠。

人類命運共同體構建既面臨重構歷史的挑戰，又面臨規劃未來的艱辛，傳播面臨三大挑戰：

其一，漢語是聯合國六種工作語言中唯一使用非字母文字的，也是世界上最難懂的語言之一。在信息化時代，由於中國有自己的通信模式（微信、百度），與世界溝通存在用內外兩套話語體系、各說各話的現象。且漢語動詞較多，易給人命令式錯覺，不懂漢語的人可能會從說話者的語氣中感受到不夠尊重；懂漢語的則往往只學到中華文化的皮毛，難以觸及中華文化的真正底蘊。漢語往往只可意會不可言傳，人類命運共同體內涵豐富，卻很難準確翻譯，使得國際層面對其的理解有如盲人摸象。[①]

其二，中華文明作為一個世俗文明要包容所有的宗教文明。因為世人幾乎都信神，中國也有很多人信神，但大部分中國人是無神論者或多神論者，共產黨人是不信神的。所以中國現在面臨著要以世俗的文明在一個宗教的世界中實現偉大復興的問題。

神學家奧古斯丁在《上帝之城》中認為："上帝所選擇的得救的人構成了上帝之城，而為上帝摒棄的人則組成了世俗之城的社會……自私自利的'愛'已發展到了連上帝都不敬的地步，各種為了自私自利目的的衝突，甚至訴諸暴力的行為，使這個世俗之城成了罪惡的淵藪。"[②] 宗教話語在推廣的過程中，帶有對世俗的強烈批判，這樣的文化基因流傳至今。新冠肺炎疫情暴發後，西方世界由於宗教思維去世俗化的影響，認為人因有原罪而敗壞，因此無法自救，人的生命應該交由上帝掌管。西方宗教話語下的世界不能理解世俗文明重視拯救生命的努力，指責中國為了操控民眾才藉口疫情對民眾的自由加以限制。相較於世俗話語，宗教話語不落地現實，不注重解決現實問題，偏愛談論理想的模式，批判不符合它們理想的現實。

怎麼辦？寫出《世俗倫理與社會主義精神》，才能消除西方

---

① 今天的人工智能技術，讓語言互通成為現實。比如，科大訊飛的機器翻譯技術已經可以幫助人們進行 83 種語言的即時翻譯（包括中文與 60 種語言互譯，英語與 5 種中文方言互譯，普通話與粵語、藏語及維吾爾語互譯，還有 15 種各類外語口音），打造的"全球中文學習平台"App 已經在全球 172 個國家和地區上線應用市場，幫助超過 268 萬人學中文，以學習者為中心，構建"人人皆學、處處能學、時時可學"的語言學習場景，打造了人類更加自由和互動的交流平台，這為跨越人類語言的"巴別塔"作出傑出的貢獻；與此同時，盲目迷信、依賴人工智能也會導致技術依賴，偏重從政策層面而非文明高度理解中國，理解人類命運共同體。"高處不勝寒。"機器是無法理解人類命運共同體的思想精髓的，依賴機器語言也可能導致盲從大數據，以訛傳訛。

② 張綏：《中世紀"上帝"的文化——中世紀基督教會史》，浙江人民出版社 1987 年版，第 29 頁。

人思想認識疙瘩。[①] 世俗倫理是超越宗教倫理的，不是不信神，而是不信單一的神，尊重信神自由，也尊重不信神自由，這樣才能實事求是。世俗倫理是大世俗，如果翻譯成英文的 secular，確實會造成誤解。中國長期重視人間，在一個沒有上帝的國度，能夠把人間治理得那麼好。所以沃爾夫、伏爾泰等都把中國作為一個理想國來向西方推薦。中國不是西方想像的社會主義，不再堅持革命鬥爭的學說——無產階級推翻資產階級成為資產階級掘墓人。只有把社會主義和優秀傳統文化相結合的一種世俗倫理，才能夠超越單一神的狹隘偏執和二元對立的思想，最大限度地包容、實現社會的公平正義，而不是西方所排斥的社會主義。中國在詮釋和豐富社會主義，從運動、制度到文明，社會主義因為中國化而獲得新生。[②] 武漢大學哲學系吳根友教授故此建議，中國的世俗倫理或許可以叫人間世俗主義——天上是神、仙的世界，人間不否定神，可以有多神，但主要是人的世界；而且可以天人合一。人間煙火，常識理性，都可以包容在人間主義裏。

其三，美國霸權體系的打壓。第二次世界大戰以來，從英國開始，到歐洲各國，再加上亞洲的韓國和日本，幾乎所有的工業化國家都被美國收編，變成了美國的盟友。現在來了一個已經實現人類最大規模工業化且最獨立，還不是西方式民主的中國，怎麼辦？害怕失去世界領導地位，無法重建國家身份，就是美國打壓中國的原因。美國絕大多數盟友也並不認可命運能掌握在自己手裏，擔心這是中國的離間計，而中國又奉行不結盟政策，它們怕將來命運沒著落。

---

① Wang Yiwei. *Secular ethics and socialist spirit: Reflections on the Protestant Ethic and the Spirit of Capitalism*, Max Weber Studies (Centenary Tribute), Vol 20.2, July 2020, 276-278.

② 王義桅：《再造中國：領導型國家的文明擔當》，上海人民出版社 2017 年版，第 247 頁。

怎樣從國際社會到人類社會，從合作共贏到命運與共，從國際關係到命運共同體——超越西方主導下的同質性、普世性，實現經濟全球化、政治多極化、文化多樣化、社會信息化的四位一體，是人類命運共同體從理念到理論、從精英到大眾、從農村包圍城市到奪取核心地帶話語權面臨的重重挑戰。

二、破與立

當今世界正面臨百年未有之大變局。然而，我們許多人的思維方式還沒有變。無政府狀態—秩序，就像黑—白思維，困擾了世人的思維。其實真實的世界是灰色的：既不是無政府狀態，也未形成新秩序。

由於區塊鏈、人工智能技術的發展，正在形成“去中心化”（de-centric）現象：既去美國中心，也去西方中心，甚至去人類中心。

當今世界變化太快、太深刻，很難從傳統國家層面和國際政治思維來理解。百年未有之大變局的判斷，含義十分豐富、思維極其深刻，尤其值得關注的是全球化的主要驅動力——技術的創新出現新局面：一方面，類似區塊鏈技術、萬物互聯模式、人工智能湧現，正削弱中心—邊緣體系；另一方面，在工業革命轉向信息革命、數字革命過程中，第一次出現非西方力量參與並引領的現象——過去技術革命都是在西方內部循環，最後它們皆被美國收編為盟友。如今中國打破了這一循環，不僅成為工業革命與全球化贏家（建立獨立完整的工業體系，創造四分之一人類工業產值），且參與引領信息、數字革命，於是出現美國舉全球霸權之力打壓中國一家民營公司——華為的現象，因為華為引領 5G 時代的來臨。美西方對中國將社會主義政治體制和世俗文明結合實現經濟領域的彎道超車之後，又開始大力發展前沿技術的現狀，深感恐懼與焦慮。美國藉此對華為發起了技術新冷戰，製造國際統一戰線，尋找打壓中國的合法性。美國有智庫鼓噪築起數字領域的柏林牆，對華部分脫鉤。

對於中國來講，就面臨著三種選擇：

第一種選擇，當然就是我們一直強調的，改革完善現有的國際體系，就好比舊屋子漏了，好好修一修。但是現在看起來也很難，不僅老屋本身很難容納發展中國家，尤其像中國這樣的新興國家崛起——就像大象進了浴缸一樣，而且美國自己現在另起爐灶，不要這個舊房子了。

第二種選擇，就是所謂的造一個新房子，被迫的也好，主動的也罷，反正形成兩套體系的新冷戰。這個事實上是不可能的，因為全球化是不可逆轉的，我們不可能回到兩極對抗的時代，因為蘇聯不是全球化體系的，所以說今天把中國變成蘇聯，本身邏輯上就不成立。

第三種選擇，就是在這個舊房子之外搭建更大的房子，實現大包容。正如天安門城樓上寫的“世界人民大團結萬歲”，就是我們講的通過“一帶一路”建設構建全球互聯互通夥伴關係網絡，構建人類命運共同體的主要思想。截至 2021 年 6 月底，140 個國家、32 個國際組織與中國簽署了 206 份共建“一帶一路”合作文件。作為最大的發展中國家、第二大經濟體，中國把發達國家、發展中國家、新興經濟體各方面互聯互通起來，從全球產業鏈上形成了雙環流——與發達國家和發展中國家的產業鏈、價值鏈環流，構建人類命運共同體。構建人類命運共同體是對全球一體化的揚棄，既不是歐盟的主權讓渡，也不是美式全球化的相互依存，而是各國將命運掌握在自己的手裏，形成命運與共、互聯互通的命運共同體。

為什麼這樣想呢？首先是全球化的中國力量（Globalized Chinese power) 在崛起，相應地，全球化的思維（Globalized mentality) 也在崛起。中國是一個文明型國家，所以中華民族的偉大復興從來都是文明的復興。當年的英國歷史學家湯因比預測到中華文明能夠給世界提供西方無法提供的方案和智慧。習近平主席也指出，“從歷史的長鏡頭來看，中國發展是屬於全人類進步的偉大事業”。[①]

中國傳統和合文化結合萬物互聯時代，代表性理念就是人類命運共同體（和）和“一帶一路”（合）。

三、知與行

孟子曰：“人之所不學而能者，其良能也；所不慮而知者，其良知也。孩提之童，無不知愛其親者；及其長也，無不知敬其兄也。親親，仁也；敬長，義也。無他，達之天下也。”（《孟子 · 盡心上》）

構建人類命運共同體，如何知？古代強調有教無類、因材施教，近代強調格物致知，今天強調文明對話與交流。

化舊知：對人類命運共同體的不解、誤解、曲解，除了質疑中國的能力與意圖外，多囿於舊觀念，比如認為中國藉人類命運共同體口號試圖推行天下體系或共產主義，挑戰美國領導的自由國際秩序；不相信中國作為世俗社會能夠包容不同神；質疑有了

① 習近平：《開放合作　命運與共——在第二屆中國國際進口博覽會開幕式上的主旨演講（2019 年 11 月 5 日，上海）》，www.xinhuanet.com/world/2019-11/05/c_1125194405.htm。

聯合國，還有無必要提人類命運共同體；認為同質性文化才能有共同體（如歐盟），懷疑不同宗教文化、社會制度的國家能否建立命運共同體…… 種種問題都是因為舊思維難以理解新觀念。

求新知：在知識經濟時代，人類以“自組織”模式塑造“你中有我，我中有你”的跨界融合共同體；邁入萬物互聯時代後，人類要擺脫思維方式的路徑依賴，解放思想，回歸本源。馬克思指出：“無論哪一個社會形態，在它所能容納的全部生產力發揮出來以前，是決不會滅亡的；而新的更高的生產關係，在它的物質存在條件在舊社會的胎胞裏成熟以前，是決不會出現的。”[①] 習近平在慶祝中國共產黨成立 100 週年大會上的講話中指出，“堅持把馬克思主義基本原理同中國具體實際相結合、同中華優秀傳統文化相結合”，而中華優秀傳統文化是和合共生文化，就是把革命學說轉化為人類命運共同體理念。不是無產階級推翻資產階級，而是強調無產階級和資產階級命運與共。香港實行“一國兩制”就是資本主義和社會主義命運與共的政治實踐。這不僅不是修正主義，還是回歸馬克思主義正統思想。當今世界，全球瘟疫大流行、氣候變化等挑戰層出不窮，形勢日益嚴峻，原有機制和思維無法應對，一些國家故此開歷史倒車，導致民族主義、民粹主義盛行，助長反全球化、反體制、反智運動，昭示構建人類命運共同體的緊迫性與重要性。新問題、新領域更要拋棄冷戰思維，倡導新型國際關係，構建人類命運共同體。

致良知：許多發展中國家質疑，中國現在富強起來了，我們還是命運共同體嗎？其實，中國堅持發展中國家定位，是不忘初心，與發展中國家始終是天然命運共同體，不過有不同層次：

①《馬克思恩格斯選集》（第二卷），人民出版社 1995 年版，第 33 頁。

人類命運共同體 1.0——同仇敵愾 + 同病相憐，共同反帝反殖反霸，實現命運自主；2.0——同呼吸共命運，共同支持走符合自身國情發展道路；3.0——共同使命，解決人類問題的共同智慧與共同方案。人類命運共同體不只是從昨天看明天，還是從後天看明天。未來已至，只是分佈不均，感知有異。萬物互聯，大數據、人工智能、區塊鏈技術深刻改變人類的生產方式、生活方式、思維方式。技術創新一方面在削弱"中心—邊緣"體系，另一方面催生國際思潮大變革。強調人類命運共同體，不只是熱議人工智能帶來的倫理問題，還要關注世界上有約 10 億沒有用上電的人，關注數字鴻溝、信息壁壘，改變周而復始的強者更強、弱者更弱的現象。世衛組織總幹事譚德塞表示，在獲取新冠肺炎疫苗方面，由於貧窮國家大大落後於發達國家，人類正經歷關於疫苗的災難性道德崩塌。[①] 有鑒於此，中國率先宣佈將疫苗作為全球公共產品，優先給發展中國家人民提供，呼籲構建人類衛生健康共同體，這就是疫情下的致良知。

構建人類命運共同體，如何行？"我們要本著對人類前途命運高度負責的態度，做全人類共同價值的倡導者，以寬廣胸懷理解不同文明對價值內涵的認識，尊重不同國家人民對價值實現路徑的探索，把全人類共同價值具體地、現實地體現到實現本國人民利益的實踐中去。"[②]

構建人類命運共同體，不是一個自然而然的過程，而需要自覺地努力和行動。正如生態體系不斷遭破壞，最終會達到平衡，

---

① 譚德塞：《世界正處於災難性道德失敗的邊緣》，WHO Director-General's opening remarks at 148th session of the Executive Board, 2021-01-18, https://www.who.int/director-general/speeches/detail/who_director_general_s_opening_remarks_at_148th_session_of_the_executive_board。

② 習近平：《加強政黨合作　共謀人民幸福——在中國共產黨與世界政黨領導人峰會上的主旨講話（2021 年 7 月 6 日，北京）》，《人民日報》2021 年 7 月 7 日。

但代價巨大。所以，我們要主動減排應對全球氣候變化，建設清潔美麗的世界。對人工智能等新技術，更需要未雨綢繆，形成國際社會人工智能法則和新的人權共識。

提出構建人類命運共同體，既是應對百年未有之大變局的戰略之舉，也是回答中華民族偉大復興目標的政策宣示，不可能一蹴而就。人類命運共同體是新理念，踐行的過程中面臨艱巨挑戰，我們要循序漸進，從周邊開始，從發展中國家最集中的非洲大陸開始，與越來越多的友好夥伴構建起雙邊命運共同體，打造地區命運共同體，倡議構建網絡空間、核安全、海洋、衛生健康等命運共同體。

構建人類命運共同體要知行合一，面臨三大典型挑戰：

其一是知難行易。簡單照搬傳統文化或馬克思主義的自由人聯合體思想是無法把握人類命運共同體的，傳統的國際關係視角或中國式修正如關係主義、天下主義，也無法觸及人類命運共同體精髓。思維惰性、路徑依賴導致諸多對人類命運共同體的質疑，比如聲稱人類命運共同體放棄立場，主張資本主義、社會主義的命運與共，放棄鬥爭，是和諧世界翻版，是回到無產階級國際主義，等等。還有人說國家尚未統一，還有心思去構建人類命運共同體？中華民族共同體與人類命運共同體是什麼關係？構建人類命運共同體是否放棄核心利益，或去干涉他國內政？面對新冷戰、脫鉤論甚囂塵上，不少人覺得人類命運共同體太早產、太抽象、太遙遠。思維混亂導致構建人類命運共同體缺乏自信、自覺，可謂知難行易。

其二是知易行難。不少人問：狼與羊如何命運與共？三個世界如何命運與共？消極意義的流浪地球好理解，積極意義的命運與共很難，好比世界大同。中國始終是世界和平的建設者、全球發展的貢獻者、國際秩序的維護者，推動“一帶一路”國際合作，構建全球互聯互通夥伴網絡，推動構建人類命運共同體，認識無歧義，但如何為之？中國提出以國內大循環為主、國內國際雙循環的新發展格局，如何處理中華民族共同體與人類命運共同體的關係？如何在危機中育新機，在變局中開新局，統籌好百年未有之大變局與中華民族偉大復興的關係？

其三是知難行難。人類命運共同體是新世界觀，推動新認識論、實踐論，但面臨思維路徑依賴、話語陷阱的諸多挑戰，人類命運共同體的五大支柱——持久和平、普遍安全、共同繁榮、開放包容、清潔美麗，認識信念不足，構建起來亦難。就以普遍安全為例，中共十九屆五中全會提出統籌發展與安全，那其他國家呢？疫情失控，人類的安全面臨艱巨挑戰，經濟衰退導致種族、宗教對立加劇，如何能做到普遍安全？知難，行亦難。

人類命運共同體不只是未來願景，還是進行時。構建人類命運共同體，知易行易是少見的，否則也就沒有必要提出。為此，我們不是機械地平衡推進持久和平、普遍安全、共同繁榮、開放包容、清潔美麗的目標，而是很可能倒序推進，即先從應對全球氣候變化、綠色轉型開始，倡導開放的區域主義、包容的多邊主義，推進互利共贏的合作，構建大安全格局，實現天下太平；構建路徑上由易到難，由近及遠，由政黨共識到國家共識，由雙邊到區域、多邊，率先在全球衛生健康共同體、海洋命運共同體、網絡空間命運共同體等新領域取得突破，積累信任和共識，堅定信心，迎難而上——畢竟，偉大事業難免充滿風險、挑戰，越是這樣，越要堅定構建人類命運共同體的自信與自覺，做到知行合一。

結語

21世紀的張載命題*

* 張載命題，又稱“橫渠四句”：為天地立心，為生民立命，為往聖繼絕學，為萬世開太平。

大時代需要大格局，大格局呼喚大胸懷。從“本國優先”的角度看，世界是狹小擁擠的，時時都是“激烈競爭”。從命運與共的角度看，世界是寬廣博大的，處處都有合作機遇。我們要傾聽人民心聲，順應時代潮流，推動各國加強協調和合作，把本國人民利益同世界各國人民利益統一起來，朝著構建人類命運共同體的方向前行。

——習近平

一

“窮則變，變則通，通則久。”用《周易·繫辭下》中的這句話來形容改革開放的世界意義，再恰當不過。“窮則變”的“變”就是改革開放，拿鄧小平的話來講就是不搞改革開放，只有死路一條；“變則通”的“通”就是“一帶一路”倡議主張的互聯互通（“五通”）；“通則久”的“久”，就是成久遠——構建人類命運共同體。

改革開放的重要經驗也得到了很好體現：問題導向——“一帶一路”國際合作正為解決和平赤字、發展赤字、治理赤字的世界問題而努力。目標驅動——構建人類命運共同體，既要堅持高標準，又要因地制宜、循序漸進，著重消除人類的信任赤字。

三者的邏輯關係可做以下概括：

	改革開放	“一帶一路”	人類命運共同體
周易	窮則變	變則通	通則久
世界觀	外國（西方）的月亮比中國的圓	中國的月亮也很圓	中國與世界共一個月亮
方法論	向（美）西方開放	“帶路”國家向中國開放	人類情懷世界擔當
邏輯	把世界的變成中國的	把中國的變成世界的	中國的也是世界的
模式	西方模式（國際接軌）	中國模式（特色）	人類共享模式
辯證法	正（順應世界大勢）	反（造合作之勢）	合（萬法歸一之道）

二

人類命運共同體理念蘊含著豐富的中國智慧，發軔於五千年博大精深的中華文明，成長於近代以來共產黨人解放全人類的革命傳統，成熟於中華人民共和國成立以來尤其是改革開放以來的豐富外交實踐，是中國外交哲學中世界觀、本體論、認識論、方法論、倫理觀、實踐論的集大成者。

世界觀：人類整體論。美國前國務卿基辛格曾經感歎，在每一個時代，政治家們都嘗試著尋求和平，然而和平總是地區性秩序，從未能建立在全球的基礎上。回望近代以來的人類歷史，威斯特伐利亞體系以來，國際秩序變遷背後的西方“世界觀”始終無法突破一己的利益考量，持久和平與普遍繁榮成為難以企及的夢想。構建人類命運共同體成為中國共產黨領導的中國在新時代對“中國應當對於人類有較大貢獻”承諾的踐行。

本體論：命運與共。和平與發展密不可分。然而，經濟全球化與政治國家化的矛盾日益突出，全球化走向碎片化。中國有兩句古話：“盜賊出於貧窮。”“不患寡而患不均。”當今世界亂象叢生的原因，正是“兩貧”——貧困、貧富差距。發展中國家主要是貧困，發達國家主要是貧富差距。如何以發展促安全，以安全保障發展，中國呈上“一帶一路”、人類命運共同體的中國方案和中國智慧。人類命運共同體理念展示了中國的共生哲學：夫愛人者，人必從而愛之；利人者，人必從而利之。把越來越多帶著中國印記的公共產品貢獻給國際社會，並歡迎其他國家“搭便車、搭快車”，中國展現出作為世界和平建設者、全球發展貢獻者、國際秩序維護者的應有擔當，進而帶動提升了新興市場國家和發展中國家在國際治理體系中的議程設置權、國際話語權和規則制定權。當“協和萬邦”、“天下大同”等中國理念匯聚起全球共識，人類曾經難以企及的持久和平與普遍繁榮夢想第一次有可能成為現實。吸收了中國“和合文化”的精髓，傳承了中華人民共和國成立以來獨立自主的和平外交實踐，強調構建以平等公正、合作共贏為核心的新型國際關係，人類命運共同體理念為國際秩序的革新完善提供了新的話語體系和路徑選擇，被視為“人類在這個星球上的唯一未來”。

認識論：由內而外。老子有“以身觀身、以家觀家、以鄉觀鄉、以邦觀邦、以天下觀天下”思想，孔子有大同社會理念。人類命運共同體在國內政治、經濟、社會、文化、生態建設“五位一體”總體佈局基礎上，在中華民族共同體基礎上，延展到國際社會的五位一體——持久和平、普遍安全、共同繁榮、開放包容、清潔美麗；在國內"以人民為中心"的發展理念基礎上，在國際上倡導以人類為單元，超越國家、民族的紛爭，實現內外聯動發展。因為許多國家還處於部落或地方割據狀態，只有以人類文明為思考單元，才能最大程度包容各方力量與各種訴求。作為踐行人類命運共同體的重大實踐，"一帶一路"建設正在實現"中國好了，世界會更好"的前景。正如習近平主席 2016 年 8 月 17 日在推進"一帶一路"建設工作座談會上指出的，"堅持各國共商、共建、共享，遵循平等、追求互利，牢牢把握重點方向，聚焦重點地區、重點國家、重點項目，抓住發展這個最大公約數，不僅造福中國人民，更造福沿線各國人民。中國歡迎各方搭乘中國發展的快車、便車，歡迎世界各國和國際組織參與到合作中來"。

方法論：求同存異。"一帶一路"抓住發展這個最大公約數，人類命運共同體抓住價值觀的最大公約數。當今世界，極端思想的影響仍不容忽視；保護主義、民粹主義抬頭，全球化仍在逆風中艱難前行。開放還是封閉，合作還是對抗，共贏還是零和，世界再次走到十字路口。面對由一系列不確定性構成的嚴峻挑戰，新時代的中國成為世界的穩定之錨和繁榮之源。在推動國際秩序改革和完善全球治理的歷史性關口，新時代的中國對人類命運展現出新的歷史性擔當。人類命運共同體將中國古代的大同思想和天下觀予以創造性轉化和創新性發展，同時汲取人類其他文明的類似思想予以提煉，成為當今世界的最大價值公約數。

倫理觀：知行合一。中國古代哲學家認為，不僅要認識（"知"），尤其應當實踐（"行"），只有把"知"和"行"統一起來，才能稱得上"善"。致良知，知行合一，是王陽明文化的核心。先有致良知，而後有知行合一。人類命運共同體理念，通過共商共建共享“一帶一路”，化為各國共同行動，體現中國“知行合一”哲學。

實踐論：全球夥伴。國不以利為利，以義為利也。以“一帶一路”建設為重要抓手，以構建人類命運共同體為根本追求，中國為改善全球治理思想提出的以相互尊重、公平正義、合作共贏為內涵的新型國際關係，正改變長期以來充斥著強權與意識形態色彩的國際格局，打造全球夥伴關係網絡。100 多個國家同中國建立起夥伴關係，昭示“非友即敵、結盟對抗”的冷戰思維已經過時，“對話而不對抗、結伴而不結盟”的國與國交往新路才是人間正道。

構建人類命運共同體成為中國倡導的新型國際關係、新型全球治理的核心理念，成為習近平新時代中國特色社會主義思想的世界觀。

人類命運共同體的提出遵循三大邏輯：

一是歷史邏輯：不忘人類初心。人類命運共同體並非無源之水、無本之木。相反，它是從歷史中來（包括古代、近代、當代歷史），又是對歷史的時代提煉和昇華。古代世界體系是多中心的，各個國際體系、各個文明之間的聯繫時斷時續且不穩定（正如絲綢之路歷史所展示的）。所以，汲取中國傳統和合文化和其他各傳統文化的精華，創造性轉化、創新性發展，凝聚出來的人類命運共同體理念，就是人類的初心。近代以來，國際體系從多中心變成了一個中心——西方中心，威斯特伐利亞體系以民族主權國家為基本單元，確立了主權平等原則，並延續至今。人類命運共同體理念遵循主權平等的原則，但又超越狹隘的國家利益，也區別於歐盟主權讓渡形式的超國家層面理念。近代以來，地理大發現與工業革命塑造了西方中心之外的另一個中心，即人類凌駕於一切之上的人類中心主義——人類世（消極人類世）。人類命運共同體理念超越人類中心主義，主張人與自然和諧相處，而非凌駕於自然之上。在當代，我們要在和平共處五項原則基礎上，倡導人類命運與共，同時超越意識形態與發展階段差異時代背景下提出的"三個世界"理論——如今已是同一個世界。"三個世界"是以鬥爭求團結，目標正是同一個世界、同一個夢想。所以，人類命運共同體既是從古代、近代和當代的歷史中來，又是對歷史的一種繼承和超越。

二是時代邏輯：回答時代之問。當今世界問題重重，經濟全球化，政治地方化（all politics is local），文化多元而極端化，恐怖主義、民粹主義、反猶主義輪番登場；"亞洲悖論"折射出全球悖論。人類命運共同體通約各種文化價值，發現、發掘、塑造人類共同價值觀，是解決人類問題的智慧和方案。典型時代之問的回答，就是要超越過去，超越經濟全球化所謂的相互依存（更多是依存美國霸權中心）、命運與共的未來，不是依附與被依附的從屬關係，也沒有一個中心，而是多中心網格狀。要實現這一目標須先搞好國內治理，尤其是政黨治理，超越利益集團、選舉政治，強調以人民為中心的理念，推動政黨的轉型，重塑人類政治文明。為此，我們舉辦中國共產黨與世界政黨高層對話會，共同商討人類命運共同體。

三是思維邏輯：從後天看明天。人類已經邁入工業 4.0 時代，人工智能、大數據、萬物互聯、泛在化一再掀起時代浪潮，從原來的"人化"自然到現在的"人化人工智能"，無不宣告著未來已至！人工智能社會是繼狩獵社會、農耕社會、工業社會、信息社會之後出現的新一代社會形態，其命名充分體現了科技創新引導社會變革的含義。習近平主席多次指出，深海、極地、外空、互聯網，這些人類新的領域不可能再重複過去弱肉強食、零和博弈的法則。我們熱議人工智能，但世界上還有 30 多億人沒有用上互聯網，約 10 億人沒用上電！強調構建人類命運共同體，就是要改變強弱不均的現象。

任何新技術的發展都會對原有的社會秩序帶來衝擊，人工智能對人類的衝擊引發軍備競賽、失業和社會倫理的擔憂，但是新的技術的出現會讓新的崗位出現，就像汽車出現之後，馬車夫的職業變成了司機。人工智能輔助人類而非取代或否定人的價值，用於人類優質資源因為稀缺所覆蓋不到的地方：比如在優質的教師無法覆蓋的時候，人工智能的教師就變得很有價值；優質的醫療資源無法覆蓋所有人的需求的時候，人工智能的醫生就變得很有價值。人是目的，而非手段。人工智能不能改變這一點。套用"把愷撒的給愷撒，把上帝的給上帝"的說法，就是：讓機器當機器，人類當人類吧。[①]

三

人類命運共同體思想有三大主要指向：

第一，解決經濟全球化、政治多極化、文化多樣化、社會信息化的內在矛盾。這一內在矛盾集中表現為所謂的"安全靠美國，經濟靠中國"的"亞洲悖論"。為了解決這個矛盾，需要在威斯特伐利亞體系、聯合國體系基礎上承認國家主權同時又超越單純的國家思維，實現命運與共，構建命運共同體。這就超越了

① 李開復：《AI · 未來》，浙江人民出版社 2018 年版，第 252 頁。

過去強調的“互利共贏”（運），上升到了“共享未來”（命）的層次。

第二，實現資本主義與社會主義的和平共處、並行不悖。在中國國內有“一國兩制”試點，在世界層面上，我們現在不強調無產階級革命學說，而是在道路自信、理論自信、制度自信基礎上實現文化自信，即以中國的傳統和合文化將鬥爭學說中國化、時代化、文化化。

第三，強調不同宗教、不同文明以及世俗文明與宗教文明之間的和諧相處、包容互鑒。命運共同體要回答中國共產黨領導的社會主義國家怎樣復興世俗文明，復興到什麼程度。要回答世俗文明是一種怎樣的文明，跟宗教文明有何本質不同，能給人類文明提供怎樣的新價值取向。

相應地，人類命運共同體理念的三大意義包括：一是超越傳統消極命運觀，積極進取。二是超越消極人類命運觀，塑造共同體，實現文化的創造性轉化、創新性發展。三是超越傳統意識形態的階級鬥爭、革命學說，將馬克思主義中國化，在建立道路、理論、制度自信的基礎之上塑造文化自信，即實現馬克思主義中國化從革命建設時期的道路與制度自信，經改革開放時期的理論自信（中國特色社會主義市場經濟），到新時代的文化自信，實現馬克思主義與傳統文化的結合——人類命運共同體。

人類命運共同體是世俗文明的終極關懷與文化自覺。人類命運共同體的政治意義就是中國共產黨在社會主義初級階段，不再追求推翻資本主義統治，不做資產階級掘墓人，而是提倡各國命運掌握在自己手裏，共同來構建人類命運共同體。於是，也不難發現人類命運共同體的政治含義：

第一，告別近代，走出西方。近代以來，我們一直強調中學為體、西學為用，或者西學為體、中學為用，但今天的人類命運共同體超越中西、體用思維，實現古今中外、東西南北的集大成。馬克思主義中國化從革命、建設、改革開放到如今實現傳統文化的創造性轉化、創新性發展，彰顯了道路、理論、制度自信基礎上的文化自信。

第二，中國外交原則從原來的不干涉內政，尊重屬於純內政的主權事務、發展道路、發展模式、發展理念，到現在強調國際責任，兩者如何統一？人類命運共同體為此指明了方向。西方經濟學中有一個重要的名詞——“帕累托改進”[①]，中國學者趙汀陽在此基礎上創造出了一個新的概念——“孔子改進”[②]。相比於“帕累托改進”，“孔子改進”的層次更高，因為孔子講“己欲立而立人，己欲達而達人”。即如果我自己要成功，我也要叫別人成功；我自己要富裕，也要讓別人跟著我一塊富裕。孔子的想法，恰恰代表了中國建設人類命運共同體偉大目標的歷史淵源，代表了中國的一種願望。

第三，人類命運共同體的政治含義還包括為全球化、全球治理鑄魂。新自由主義全球化導致貧富懸殊。“一帶一路”建設打造包容性全球化，推動構建人類命運共同體也就超越了經濟全球化與政治地方化的對立。以往西方全球治理不問為誰治理的問題，現在人類命運共同體強調以人為本，為人類治理。亞里士多德指出，所有共同體都是為著某種善而建立的……既然所有共同體都在追求某種善，所有共同體中最高的並且包含了一切其他

① “帕累托改進”是指在一個社會群體中，哪怕只有一個人的福利得到改進而同時沒有人福利受損，這個社會便實現了福利改進。由於有人受益無人受損，“帕累托改進”在經濟學上就成為一個非常值得追求的目標。

② 趙汀陽原話是“孔子改善”（Confucian Improvement）。見趙汀陽：《天下的當代性：世界秩序的實踐與想象》，中信出版社 2016 年版，第 37 頁。

共同體的共同體，所追求的就一定是最高的善[①]。人類命運共同體為全球化、全球治理鑄魂的含義就是追求全球化、全球治理“最高的善”。

四

理解人類命運共同體思想和“一帶一路”倡議，要求我們超越近代知識，創造性轉化傳統智慧，樹立萬物互聯的時代觀。它們超越科學思維，超越古今中外、東西南北分野，樹立了人類整體觀、命運觀、共同體觀，推動了人文社科、自然科學的大融合及各國傳統文化的大融通，是未來科學的大引領。

人類命運共同體理念被多次寫進聯合國有關決議，成為新時代的中國學、全球學。

縱觀全書，我們可以得出三個結論：

一、人類本來就是命運共同體，只不過認識到這點有先後、體會有深淺。大陸漂移產生了七大洲，在讓物種隔離的同時，產生了多彩的自然界。地殼變動、自然選擇產生了人類，但不管是白皮膚、黑皮膚還是黃皮膚，我們都是智人，都起源於非洲。

二、人類命運共同體是發現的，不是發明的。它不只是中華文化天下大同思想的全球化，還通約各國文化，集世界傳統之大成。

三、人類命運共同體有消極與積極之分。今天提出的人類命運共同體理念，超越自信、特色思維，是人類自覺告別彼岸思維，超越消極命運觀、近代人類觀，實現從被動消極向主動建構

①《亞里士多德選集・政治學卷》，中國人民大學出版社 1999 年版，第 3 頁。

的飛躍。

人類命運共同體這一全球價值觀包含相互依存的國際權力觀、共同利益觀、可持續發展觀和全球治理觀。

“一帶一路”倡議與人類命運共同體思想為超越科學乃分科之學的西學局限，打造究天人之際、通古今之變、懷東西南北的大學問提出了時代命題：

中國的世界——正。

世界的中國——反。

沒有中國的世界，沒有世界的中國，都是同樣不可想像的——合。

正、反、合的邏輯證明：中國與世界乃你中有我、我中有你的命運共同體。

聯合國大會、安理會和專門機構的決議多次寫入“一帶一路”倡議、人類命運共同體理念及“共商、共建、共享”原則，這表明，“一帶一路”國際合作、人類命運共同體理念正成為廣泛的國際共識，成為新時代展示中國國際影響力、感召力、塑造力的關鍵詞。

世界命運握在各國人民手中，人類前途繫於各國人民的抉擇。中國人民願同各國人民一道，推動人類命運共同體建設，共同創造人類的美好未來！人類命運共同體被寫入《中華人民共和國憲法》，吹響了中國推動建設持久和平、普遍安全、共同繁榮、開放包容、清潔美麗世界的時代號角，彰顯了全體中華兒女為萬世開太平的信心與決心。

周邊是中國安身立命之所，發展繁榮之基。構建人類命運共同體，從周邊開始，尤其是與周邊社會主義國家率先構建戰略意義的命運共同體，以政黨實踐推動構建人類命運共同體。正如《中國共產黨和老撾人民革命黨關於構建中老命運共同體行動計劃》指出的，“堅持互尊互信，鞏固命運共同體政治基礎”、“堅持合作共贏，拉緊命運共同體利益紐帶”、“堅持守望相助，築牢命運共同體安全防線”、“堅持相知相親，夯實命運共同體民意基礎”、“堅持共生共治，推動命運共同體持續發展”。[1]

中國改革開放 40 多年的偉大成就及引領以數字經濟、大數據、人工智能、區塊鏈等為代表的新工業革命，吸引世界上 170 多個國家和國際組織與中國簽署了共建“一帶一路”合作文件。其中包括發達國家與中國共同開發第三方市場，將發展成果惠及全球。所謂第三方市場合作，就是將中國的中端製造能力同發達國家的高端技術、先進理念結合起來，為第三國提供高水平、高性價比、更具競爭力的產品和服務，實現“三方共贏”。截至 2019 年 6 月，中國已與法國、日本、意大利、英國、德國、韓國等 14 個國家簽署 16 份第三方市場合作文件，聚焦基礎設施、能源、環保、金融等優勢互補領域，開展了機制化的合作，在一系列重大項目上取得了務實成果。值得一提的是，自中日關係出現積極向好勢頭以來，兩國也在中泰鐵路建設方面開始協作。

共建“一帶一路”是面對百年未有之大變局而提出的國際合作倡議，不僅承載著古絲綢之路的光榮與夢想、中華民族偉大復興的百年大計，而且正成為世界各國應對不確定性挑戰、實現各自發展戰略和追求美好世界秩序的共同探索，必須站在這一時空背景下看其成就與前景。

---

① 鍾聲：《以政黨實踐推動構建人類命運共同體》，《人民日報》2019 年 5 月 1 日。

五

近代以來，沒有哪個倡議能像“一帶一路”這樣，在如此短的時間內吸引到如此多國家參與，能引起如此廣泛的國際反響。

以“一帶一路”倡議、人類命運共同體理念為代表的習近平新時代中國特色社會主義思想的國際意義，可以說承載著 21 世紀的“張載命題”：

——為天地立心，就是激活“和平合作、開放包容、互學互鑒、互利共贏”的絲路精神，開創以相互尊重、公平正義、合作共贏為核心的新型國際關係，探尋 21 世紀人類共同價值體系，建設人類命運共同體。

——為生民立命，就是鼓勵各國走符合自身國情的發展道路，實現中國夢與各國夢融通，共同成就世界夢。

——為往聖繼絕學，就是實現人類永續發展，各種文明、發展模式相得益彰、美美與共，開創中華文明與各種文明共同復興的美好前景。

——為萬世開太平，就是推動人類的公平正義事業，締造“持久和平、普遍安全、共同繁榮、開放包容、清潔美麗”的世界，實現全球化時代的“天下大同”。

“‘人類命運共同體’已經不僅僅是一個價值指向，更是一種現實選擇、迫切呼喚。”[①]

構建人類命運共同體是順應歷史潮流、增進人類福祉的中國方案。這一方案匯聚著世界各國人民對和平、發展、繁榮嚮往的最大公約數，反映了人類社會的共同價值追求，符合中國人民和

① 光明日報評論員：《防疫全球阻擊戰，攜手才能共贏》，《光明日報》2020 年 3 月 27 日。

世界人民的根本利益。這一方案超越不同制度的分歧，摒棄零和博弈的思維，成為不同國家、不同民族、不同文明的共同奮鬥方向。

“建立公正合理的國際秩序是人類孜孜以求的目標。”300多年來，國際關係演變積累的主權平等、和平和解、法治正義、開放包容、人道主義等一系列公認的原則，為構建人類命運共同體提供了基本遵循。正是基於對人類歷史的深刻分析、對現實世界的深刻洞察、對時代大勢的深刻把握，習近平主席創造性提出人類命運共同體理念，被有識之士譽為“中國為地球村提供的一把發展的鑰匙”、“人類在這個星球上的唯一未來”。[1]

① 《求是》雜誌編輯部：《破解“世界之問”的中國方案》，《求是》2021年第1期。

參考文獻

1. 馬克思、恩格斯：《共產黨宣言》、《德意志意識形態》；馬克思：《論猶太人問題》、《1844 年經濟學哲學手稿》。
2. 習近平：《習近平談“一帶一路”》，中央文獻出版社 2018 年版。
3. 習近平：《論堅持推動構建人類命運共同體》，中央文獻出版社 2018 年版。
4. 《習近平談治國理政》第三卷，外文出版社 2020 年版。
5. 錢穆：《中國文化史導論》，商務印書館 1994 年版。
6. 費孝通：《鄉土中國》，上海人民出版社 2006 年版。
7. 甘陽：《通三統》，生活・讀書・新知三聯書店 2007 年版。
8. 梁漱溟：《東西文化及其哲學》，商務印書館 2010 年版。
9. 廖彬宇：《國學旨歸——干支哲學》（全 2 冊），清華大學出版社 2014 年版。
10. 馬化騰等：《分享經濟：供給側改革的新經濟方案》，中信出版社 2016 年版。
11. 王義桅：《世界是通的：“一帶一路”的邏輯》，商務印書館 2016 年版。
12. 趙汀陽：《天下的當代性：世界秩序的實踐與想像》，中信出版社 2016 年版。
13. 張立文：《中國傳統文化與人類命運共同體》，中國人民大學出版社 2018 年版。
14. 姚中秋：《中國政治文明史》，華齡出版社 2021 年版。
15. 楊光斌：《世界政治理論》，中國社會科學出版社 2021 年版。
16.〔德〕哈貝馬斯：《公共領域的結構轉型》，曹衛東等譯，學林出版社 1999 年版。
17.〔德〕伊曼努爾·康德：《永久和平論》，何兆武譯，上海人民出版社 2005 年版。
18.〔德〕馬丁·布伯：《我和你》，楊俊傑譯，浙江人民出版社 2017 年版。
19.〔法〕埃米爾·涂爾幹：《社會分工論》，渠東譯，生活·讀書·新知三聯出版社 2003 年版。
20.〔古希臘〕亞里士多德：《政治學》，顏一、秦典華譯，中國人民大學出版社 2003 年版。
21.〔美〕威廉·麥克尼爾：《西方的興起：人類共同體史》，孫嶽、陳志堅、于展等譯，中信出版社 2015 年版。
22.〔美〕奧蘭·揚：《複合系統：人類世的全球治理》，楊劍、孫凱譯，上海人民出版社 2019 年版。
23.〔英〕馬丁·阿爾布勞：《中國在人類命運共同體中的角色》，嚴忠志譯，商務印書館 2020 年版。
24. 國務院新聞辦公室：《新時代的中國與世界》白皮書，2019 年 9 月 27 日。
25. 國務院新聞辦公室：《抗擊新冠肺炎疫情的中國行動》白皮書，2020 年 6 月 7 日。
26. 國務院新聞辦公室：《中國軍隊參加聯合國維和行動 30 年》

白皮書，2020 年 9 月 18 日。
27. 國務院新聞辦公室：《新時代的中國國際發展合作》白皮書，2021 年 1 月 10 日。
28. 國務院新聞辦公室：《人類減貧的中國實踐》白皮書，2021 年 4 月 6 日。
29. 中共中央宣傳部：《中國共產黨的歷史使命與行動價值》，2021 年 8 月 26 日。
30. 中非合作論壇北京峰會：《中非合作論壇——北京行動計劃（2019—2021 年）》，2018 年 9 月。
31. 世界互聯網大會組委會：《攜手構建網絡空間命運共同體行動倡議》，2020 年 11 月 18 日。
32. 楊潔篪：《深刻認識和用好國際法　堅定捍衛國家利益　共同維護世界和平與發展》，《求是》2020 年第 20 期。
33. 楊潔篪：《推動構建人類命運共同體　共同建設更加美好的世界》，《求是》2021 年第 1 期。
34. 王毅：《以習近平外交思想為指引　在全球抗疫合作中推動構建人類命運共同體》，《求是》2020 年第 8 期。
35. 王毅：《深入學習貫徹習近平外交思想　不斷開創中國特色大國外交新局面》，《求是》2020 年第 15 期。
36. 于沛：《從大歷史觀看人類命運共同體》，《求是》2019 年第 3 期。
37. 中共中央黨史和文獻研究院：《科學回答人類前途命運的中國智慧中國方案》，《求是》2021 年第 1 期。
38.《求是》雜誌編輯部：《破解“世界之問”的中國方案》，《求是》2021 年第 1 期。
39. 黃惠康等：《人類命運共同體的國際法構建》，《武大國際法評論》2019 年第 1 期。

40. 張弩：《中國宗教與構建人類命運共同體：理念與實踐》，《人權》2017 年第 2 期。

41. 習近平：《在慶祝中國共產黨成立 100 週年大會上的講話（2021 年 7 月 1 日）》，《人民日報》2021 年 7 月 2 日。

42. 習近平：《加強政黨合作　共謀人民幸福——在中國共產黨與世界政黨領導人峰會上的主旨講話（2021 年 7 月 6 日，北京）》，《人民日報》2021 年 7 月 7 日。

43. 楊潔篪：《堅定維護和踐行多邊主義，堅持推動構建人類命運共同體》，《人民日報》2021 年 2 月 21 日。

44. 王毅：《攜手打造人類命運共同體》，《人民日報》2016 年 5 月 31 日。

45. 聞言：《深入學習習近平外交思想，努力開創中國特色大國外交新局面——學習〈習近平關於中國特色大國外交論述摘編〉》，《人民日報》2020 年 1 月 6 日。

46. 外交部黨委理論學習中心組：《服務民族復興　促進人類進步　不斷推動構建人類命運共同體》，《人民日報》2021 年 8 月 23 日。

47. 譚苑芳：《構建人類命運共同體的哲學意義》，《光明日報》2019 年 4 月 8 日。

48.〔美〕安樂哲：《“一多不分”視域中的人類命運共同體》，《光明日報》2019 年 7 月 6 日。

49. 王義桅：《全球性問題呼喚構建人類命運共同體》，《經濟日報》2020 年 4 月 14 日。

後記

“‘一帶一路’、人類命運共同體就像為你量身定做的，難怪你對此充滿激情，樂此不疲，將它們寫在各國大地上，寫進世人的心坎裏。”

“除了南極洲的企鵝，各大洲居民都聽你講過‘一帶一路’、人類命運共同體。”

“倒球差，倒季差，倒時差，從北半球到南半球，從冬季到夏季，你馬不停蹄，奔波於七十多個國家，為取得人類命運共同體的真經，為‘一帶一路’、人類命運共同體飛入地球村每個角落，捨小家，捨學術，成大家，做大學問！”

這是近年春節收到的最欣慰的拜年帖。

西方把諾貝爾和平獎當作恩賜，中國實實在在地為世界和平與發展作貢獻；西方把發展經濟學、華盛頓共識當作金科玉律去兜售，中國一心一意通過“一帶一路”構建人類命運共同體；西方把人權掛在口頭上，中國把人權寫在祖國大地上、寫進 14 億人的心坎裏；西方把民主當作指揮棒去演奏，中國把民主寫入全面擺脫貧困的攻堅戰、寫進人類文明史；西方把抗疫當作選舉工具，搞政治污名化，中國把抗疫阻擊戰寫在生命至上、人民至上和構建人類命運共同體的答卷上……

面對百年未有之大變局，習近平通古今之變，集中外大成，心繫天下，胸懷南北，高瞻遠矚提出人類命運共同體理念和“一帶一路”倡議，為民族復興謀局，為國際合作造勢，為人類命運擔當，倡導人本主義世界觀和以人為本的全球化核心價值觀，開闢了中華民族參與、引領經濟全球化的新境界，描繪了告別霸權、萬物互聯時代的新氣象。

習近平指出，從歷史的長鏡頭來看，中國發展是屬於全人類進步的偉大事業。構建人類命運共同體、“一帶一路”國際合作是復興的中國為全球化、全球治理提出的代表性中國方案與中國智慧。中華民族偉大復興的應有之義是傳統文化的偉大復興。構建人類命運共同體、“一帶一路”倡議就是天下大同、絲路精神的創造性轉化和創新性發展。

2021 年是建黨 100 週年。我的生日正巧和黨的生日是同一天，我是江西人，也許是與生俱來的革命情結，讓我對我所做的一切都充滿熱愛。入道以來，沒有哪個理念、哪個倡議能像人類命運共同體、“一帶一路”那樣讓我著迷，以至於所有的知識都捉襟見肘，所有的理論都相形見絀；與此同時，所有知識、理論又好似是為人類命運共同體準備的，令人興奮。

歷史學家發現，“在過去的 500 年時間裏，每個世紀的獨特風格都是由一些關鍵的象徵性事件所決定的，而這些事件大多發生在第二個 10 年的中期……如果一個新世紀要擁有自身的特點，那麼這個特點必須在頭 20 年裏建立起來”[①]。1921 年成立的中國共產黨，決定了 20 世紀中國的面貌，也深刻改變了世界的面貌。100 年以後的 21 世紀的面貌，將由 21 世紀頭 20 年奠

①〔英〕尼克拉斯・鮑伊：《2014：下一個世界末日》，曹檳、倪穎譯，中信出版社 2011 年版，第 4—5 頁。

基。人類命運共同體理念、“一帶一路”倡議為 21 世紀面貌塑造靈魂與骨骼。舊中國，方志敏同志夢想“可愛的中國”；新時代，習近平總書記擘畫“可愛的世界”。

能為“可愛的世界”揮毫潑墨，是我輩之榮幸。感謝潘嶽先生、阿爾布勞院士不吝賜教並欣然作序，為本書畫龍點睛。感謝葉小文、楊慧林、姚中秋、潘維為代表的前輩一如既往的提攜、指教，特別是“七一勳章”獲得者劉貴今大使、周平劍大使、劉鴻武教授對中非命運共同體研究的指導。感謝中國美術家協會的大力支持，感謝黃永濱、周昌新、李宏鈞、楊洋等畫家不吝賜作，共同演繹人類命運共同體藝術與學術、情感與理智的交響曲。感謝我的老師們對我的培養，感謝我的同行、國內外朋友、學生及媒體記者的激勵，感謝好友王建寶、馮玉軍、汪亭友、張海文、謝茂松、廖彬宇、李豔、羅建波及博士生廖歡、崔白露，碩士生張鵬飛為完善本書作出的貢獻。

愛妻江洋總是我書的第一個讀者。她不僅為此書注入溫情與愛意，還為網絡空間命運共同體個案撰寫提供專業指導。沒有她的支持，我不可能奔赴世界各地探尋構建人類命運共同體之道，那我們就只能閱讀“他歷史”（history）而無法感悟“她歷史”（herstory）了。

人類命運共同體理念標誌著中國徹底告別近代、走出西方——不再糾結於中—西、體—用、主—客、物—我這種認識論，而是超越主客之分，從“我與它”的對立提升為“我與你”融通，倡導人類情懷、世界擔當，為偉大復興正名，為“一帶一路”正心，為新時代的“張載命題”正道，踐行“仁者，以天地萬物為一體”[1]的中華智慧，超越人類中心主義。

我將無我，不負人類！

世界是通的，“周道如砥，其直如矢”[2]，“以道蒞天下”[3]，通無止境。人心是通的，“以仁心說，以學心聽，以公心辨”[4]，不亦樂乎？

和“一帶一路”系列作品一樣，人類命運共同體處女作，只是系列著作之開端，雖歷經數年反覆打磨，仍難免有紕漏與遺憾，敬請批評指正。

謹以此書獻給中國共產黨百年華誕。

王義桅
2021 年 7 月 23 日於中國人民大學靜園

---

① 北宋大儒程顥名言。

②《詩經》。

③《老子》。

④《荀子》。

責任編輯　思　思
裝幀設計　a_kun
書籍排版　何秋雲

書　　名　時代之問　中國之答：構建人類命運共同體
著　　者　王義桅
出　　版　三聯書店（香港）有限公司
香港北角英皇道 499 號北角工業大廈 20 樓
Joint Publishing (H.K.) Co., Ltd.
20/F., North Point Industrial Building,
499 King's Road, North Point, Hong Kong
香港發行　香港聯合書刊物流有限公司
香港新界荃灣德士古道 220–248 號 16 樓
印　　刷　美雅印刷製本有限公司
香港九龍觀塘榮業街 6 號 4 樓 A 室
版　　次　2022 年 11 月香港第一版第一次印刷
規　　格　特 16 開（150 × 230 mm）272 面
國際書號　ISBN 978-962-04-5093-8

Published & Printed in Hong Kong, China.